THIBAUT MEURISSE

ZOTËRIMI I EMOCIONEVE
NJË UDHËZUES PRAKTIK SI TË ANASHKALONI NEGATIVITETIN DHE MENAXHONI MË MIRË NDJENJAT TUAJA

Titulli i origjinalit:
THIBAUT MEURISSE - Master Your Emotions: A Practical Guide to Overcome Negativity and Better Manage Your Feelings (Mastery Series Book 1)

Përktheu nga Anglishtja:
Esnjola Borici

Arti Grafik:
Albulen Deda

Foto Kopertina:
Adelajda Hoxha

ISBN 978-961-598-367-0

Realizoi botimin: Shtëpia Botuese Stefan Cvajg
Copyright © SC

Të gjitha të drejtat janë të rezervuara. Nuk lejohet shumëfishimi me çdo mjet apo formë pa lejen me shkrim të botuesit.

PËRMBAJTJA

Qëllimi i këtij libri

Prezantimi

Si ta përdorni këtë libër

Libri juaj i punës falas hap pas hapi

I. Çfarë janë emocionet

1. Si ndikon mekanizmi juaj i mbijetesës në emocionet tuaja

2. Çfarë është egoja

3. Natyra e Emocioneve

II. Çfarë Ndikon në Emocionet Tuaja

4. Ndikimi i gjumit në gjendjen tuaj

5. Përdorimi i trupit tuaj për të ndikuar në emocionet tuaja

6. Përdorimi i mendimeve tuaja për të ndikuar në emocionet tuaja

7. Përdorimi i fjalëve tuaja për të ndikuar në emocionet tuaja

8. Si ndikon frymëmarrja në emocionet tuaja

9. Si ndikon mjedisi juaj në emocionet tuaja

10. Si ndikon muzika në emocionet tuaja

III. Si të ndryshoni emocionet tuaja

11. Si formohen emocionet

12. Ndryshimi i interpretimit tuaj

13. Lëshoni emocionet tuaja

14. Kushtëzimi i mendjes suaj për të përjetuar më shumë emocione pozitive

15. Ndryshoni emocionet tuaja duke ndryshuar sjelljen tuaj

16. Ndryshoni emocionet tuaja duke ndryshuar mjedisin tuaj

17. Zgjidhje afatshkurtra dhe afatgjata për të menaxhuar emocionet negative

IV. Si të përdorni emocionet tuaja për t'u rritur

18. Si mund t'ju udhëheqin emocionet në drejtimin e duhur

19. Regjistrimi i emocioneve tuaja

20. Të mos qenit mjaftueshëm i mirë

21. Të qenit në mbrojtje

22. Stresi dhe shqetësimi

23. Shqetësimet për atë që njerëzit mendojnë për ju

24. Fyerja

25. Xhelozia

26. Depresioni

27. Frika / Parehatia

28. Zvarritja

29. Mungesa e motivimit
Konkluzione

Çfarë mendoni ju?

Rreth Autorit

Vendosja e qëllimeve: Udhëzuesi përfundimtar për arritjen e qëllimeve që ju emocionojnë vërtet

QËLLIMI I KËTIJ LIBRI

Shumë libra diskutojnë mbi emocionet dhe se si ato ndikojnë në jetën tuaj, por ato rrallë ofrojnë një pamje gjithëpërfshirëse se çfarë janë emocionet, nga vijnë ato, cili është roli i tyre ose si ndikojnë ato në jetën tuaj.

Emocionet janë ndër gjërat më të vështira për t'u përballur dhe, për fat të keq, shumë shpesh ju dhe unë biem pre e fuqisë së tyre mistike. Ne e gjejmë veten të paaftë për të thyer magjinë e tyre. Për shkak se ato ndikojnë në çdo aspekt të jetës sonë dhe përcaktojnë cilësinë e saj, paaftësia jonë për të kuptuar se si funksionojnë emocionet mund të na pengojë të dizajnojmë jetën tonë ideale dhe të përmbushim potencialin tonë.

Në fund të këtij libri, ju do të dini se si funksionojnë emocionet dhe, më e rëndësishmja, do të jeni më të përgatitur për t'u përballur me to.

Nëse keni vështirësi të përballeni me emocionet negative, ose dëshironi të mësoni se si funksionojnë emocionet dhe si mund t'i përdorni ato si një mjet për rritjen tuaj personale, ky libër është për ju.

PREZANTIMI

Një mendje e shëndoshë dhe në vendin e vet, mund ta kthejë një parajsë të Ferrit, në një ferr të Parajsës.

- Xhon Milton- POET-.

Të gjithë ne përjetojmë një gamë të madhe emocionesh gjatë gjithë jetës sonë. Më duhej të pranoja, gjatë shkrimit të këtij libri, kam përjetuar edhe vetë ulje dhe ngritje. Në fillim, isha i emocionuar dhe i ekzaltuar nga ideja për t'u ofruar njerëzve një udhëzues për t'i ndihmuar ata të kuptojnë emocionet e tyre. Imagjinoja se si do të përmirësohej jeta e lexuesve ndërsa mësonin të kontrollonin emocionet e tyre. Motivimi im ishte i lartë dhe nuk mund të mos imagjinoja sa i mrekullueshëm do të ishte libri.

Ose kështu mendova.

Pas entuziazmit fillestar, erdhi koha për t'u ulur për të shkruar librin aktual, dhe atëherë emocioni u shua shumë shpejt. Idetë që dukeshin të shkëlqyera në mendjen time papritmas u ndjenë të mërzitshme. Shkrimi im dukej i mërzitshëm dhe më dukej sikur nuk kisha asgjë thelbësore apo të vlefshme për të kontribuar.

Ulja në tavolinën time dhe shkrimi bëhej më sfidues çdo ditë. Fillova të humbas besimin. Kush isha unë që të shkruaja një libër për emocionet nëse nuk mund të zotëroja as emocionet e mia? Sa ironike! Mendova të hiqja dorë. Tashmë ka kaq shumë libra mbi këtë temë, kështu që pse të shtoja një tjetër?

Në të njëjtën kohë, kuptova se ky libër ishte një mundësi e përkryer për të punuar mbi çështjet e mia emocionale. E kush nuk vuan herë pas here nga emocionet negative? Të gjithë kemi ngritje dhe ulje, apo jo? Çelësi është ajo që ne bëjmë me të ulëtat tona. A po i përdorim emocionet tona për t'u rritur? A po mësojmë diçka prej tyre? Apo po e rrahim veten për ta?

Pra, le të flasim për emocionet tuaja tani. Më lejoni të filloj duke ju pyetur këtë: Si ndiheni tani?

Njohja se si ndiheni është hapi i parë drejt marrjes së kontrollit të emocioneve tuaja. Ju mund të keni shpenzuar aq shumë kohë për të përvetësuar saqë keni humbur kontaktin me emocionet tuaja. Ndoshta ju jeni përgjigjur si më poshtë: "Mendoj se ky libër mund të jetë i dobishëm" ose "Unë me të vërtetë ndjej se mund të mësoj diçka nga ky libër." Megjithatë, asnjë nga këto përgjigje nuk pasqyron se si ndiheni. Ju nuk 'ndiheni kështu' ose 'ndjeheni ashtu' ju thjesht 'ndiheni'. Ju nuk 'ndiheni sikur' ky libër mund të jetë i dobishëm, ju 'mendoni' se ky libër mund të jetë i dobishëm dhe kjo gjeneron një emocion që ju bën të 'ndiheni' të ngazëllyer për leximin e tij. Ndjenjat shfaqen si ndjesi fizike në trupin tuaj, jo si një ide në mendjen tuaj. Ndoshta, arsyeja pse fjala 'ndje' është kaq shpesh e tepruar ose keqpërdorur është sepse ne nuk duam të flasim për emocionet tona. Pra, si ndiheni tani?

Pse është e rëndësishme të flasim për emocionet?

Mënyra se si ndiheni përcakton cilësinë e jetës suaj. Emocionet tuaja mund ta bëjnë jetën tuaj të mjerueshme ose vërtet magjike. Kjo është arsyeja pse ato janë ndër gjërat më të rëndësishme për t'u fokusuar. Emocionet tuaja ngjyrosin të gjitha përvojat tuaja. Kur ndiheni mirë, gjithçka duket, ndjehet ose shijon më mirë. Ju gjithashtu mendoni mendime më të mira. Nivelet tuaja të energjisë janë më të larta dhe mundësitë duken të pakufishme. Anasjelltas, kur ndiheni në depresion, gjithçka duket e mërzitshme. Keni pak energji dhe bëheni të pamotivuar. Ndiheni të mbërthyer në një vend (mendërisht dhe fizikisht) që nuk dëshironi të jeni dhe e ardhmja duket e zymtë.

Emocionet tuaja mund të veprojnë gjithashtu si një udhërrëfyes i fuqishëm. Ata mund t'ju thonë se diçka nuk është në rregull dhe ju lejojnë të bëni ndryshime në jetën tuaj. Si të tilla, ato mund të jenë ndër mjetet më të fuqishme të rritjes personale që keni.

Mjerisht, as mësuesit dhe as prindërit nuk ju kanë mësuar se si funksionojnë emocionet ose si t'i kontrolloni ato. Më duket ironike që pothuajse çdo gjë vjen me një manual udhëzues, ndërsa mendja jote nuk e ka një të tillë. Ju kurrë nuk keni marrë një manual udhëzimi për t'ju mësuar se si funksionon mendja juaj dhe si ta përdorni atë për të menaxhuar më mirë emocionet tuaja, apo jo? Unë nuk kam. Në fakt, deri më tani, dyshoj se ka ekzistuar.

Çfarë do të mësoni në këtë libër

Ky libër është manuali se si duhet t'ju kenë dhënë prindërit në lindje. Është manuali i udhëzimeve që duhet të kishit marrë në shkollë. Në të, unë do të ndaj gjithçka që ju duhet të dini për emocionet, në mënyrë që të mund të kapërceni frikën dhe kufizimet tuaja dhe të bëheni lloji i personit që dëshironi vërtet të jeni.

Do të mësoni se çfarë janë emocionet, si formohen ato dhe si mund t'i përdorni ato për rritjen tuaj personale. Do të mësoni gjithashtu se si të merreni me emocionet negative dhe të kushtëzoni mendjen tuaj për të krijuar më shumë emocione pozitive.

Është shpresa dhe pritshmëria ime e sinqertë që, deri në fund të këtij libri, do të keni një kuptim të qartë se çfarë janë emocionet dhe do të keni të gjitha mjetet që ju nevojiten për të filluar t'i kontrolloni ato.

Më konkretisht, ky libër do t'ju ndihmojë:

Të kuptoni se çfarë janë emocionet dhe si ndikojnë ato në jetën tuaj.
Të identifikoni emocionet negative që kontrollojnë jetën tuaj dhe mësoni t'i kapërceni ato
Të ndryshoni historinë tuaj për të marrë kontroll më të mirë mbi jetën tuaj dhe për të krijuar një të ardhme më bindëse, dhe
Të ri-programoni mendjen tuaj për të përjetuar më shumë emocione pozitive.

Këtu është një përmbledhje më e detajuar e asaj që do të mësoni në këtë libër:

Në Pjesën I, ne do të diskutojmë se çfarë janë emocionet. Do të mësoni pse jeni të prirur të përqendroheni te negativiteti dhe çfarë mund të bëni për të kundërshtuar këtë efekt. Ju do të zbuloni gjithashtu se si bindjet tuaja prekin emocionet tuaja. Më në fund, do të mësoni se si funksionojnë emocionet negative dhe pse janë kaq të ndërlikuara.

Në Pjesën II, ne do të shqyrtojmë gjërat që ndikojnë drejtpërdrejt në emocionet tuaja. Do të kuptoni rolet që luan trupi juaj, mendimet, fjalët ose gjumi në jetën tuaj dhe si mund t'i përdorni ato për të ndryshuar emocionet tuaja.

Në Pjesën III, do të mësoni se si formohen emocionet. Do të mësoni gjithashtu se si ta kushtëzoni mendjen tuaj për të përjetuar më shumë emocione pozitive.

Dhe së fundi, në Pjesën IV, ne do të diskutojmë se si t'i përdorni emocionet tuaja si një mjet për rritjen personale. Do të mësoni pse përjetoni emocione të tilla si frika ose depresioni dhe si funksionojnë ato. Më pas do të zbuloni se si t'i përdorni ato për t'u rritur.

SI TË PËRDORNI KËTË LIBËR

Ju inkurajoj ta lexoni këtë libër të paktën një herë. Pas kësaj, ju ftoj të rishikoni librin dhe të përqendroheni në seksionin(et) që dëshironi të eksploroni më në thellësi.

Në këtë libër, unë përfshij një sërë ushtrimesh të ndryshme. Megjithëse nuk pres që t'i kaloni të gjitha, shpresa ime është që ju të zgjidhni disa dhe t'i zbatoni në jetën tuaj. Mbani mend, rezultatet që do të merrni nga ky libër varen nga sa kohë dhe përpjekje jeni të gatshëm të vendosni.

Nëse mendoni se ky libër mund të jetë i dobishëm për anëtarët e familjes ose miqtë tuaj, sigurohuni që ta ndani me ta. Emocionet janë komplekse dhe besoj se do të na përfitonte të gjithëve që të thellojmë kuptimin tonë të temës.

PJESA I

ÇFARË JANË EMOCIONET

A keni menduar ndonjëherë se çfarë janë emocionet dhe çfarë qëllimi shërbejnë ato?

Në këtë seksion, ne do të diskutojmë se si mekanizmi juaj i mbijetesës ndikon në emocionet tuaja. Më pas, ne do të shpjegojmë se çfarë është 'egoja' dhe si ndikon në emocionet tuaja. Më në fund, do të zbulojmë mekanizmin pas emocioneve dhe do të mësojmë pse emocionet negative mund të jenë kaq të vështira për t'u përballuar.

1

SI NDIKON MEKANIZMI JUAJ I MBIJETESËS NË EMOCIONET TUAJA

Pse njerëzit kanë një paragjykim ndaj negativitetit

Truri juaj është krijuar për të mbijetuar, gjë që shpjegon pse jeni në gjendje ta lexoni këtë libër pikërisht në këtë moment. Kur mendoni për këtë, probabiliteti për të lindur ishte jashtëzakonisht i ulët. Që të ndodhte kjo mrekulli, të gjithë brezat para jush duhej të mbijetonin mjaftueshëm për të lindur. Në kërkimin e tyre për mbijetesë dhe riprodhim, ata duhet të jenë përballur me vdekjen qindra ose ndoshta mijëra herë.

Për fat të mirë, ndryshe nga paraardhësit tuaj, ju (ndoshta) nuk po përballeni me vdekjen çdo ditë. Në fakt, në shumë pjesë të botës, jeta nuk ka qenë kurrë më e sigurt. Megjithatë, mekanizmi juaj i mbijetesës nuk ka ndryshuar shumë. Truri juaj ende skanon mjedisin tuaj duke kërkuar për kërcënime të mundshme.

Në shumë mënyra, disa pjesë të trurit tuaj janë vjetruar. Edhe sikur të mos jeni disa sekonda larg shqyerjes nga një grabitqar, truri juaj ende u jep shumë më shumë peshë ngjarjeve negative sesa atyre pozitive.

Frika nga refuzimi është një shembull i një paragjykimi ndaj negativitetit. Në të kaluarën, refuzimi nga fisi juaj do të zvogëlonte ndjeshëm shanset tuaja për të mbijetuar. Prandaj, mësuat të kërkoni ndonjë shenjë refuzimi dhe kjo u fiksua në trurin tuaj.

Në ditët e sotme, të qenit i refuzuar shpesh sjell pak ose aspak pasoja për mbijetesën tuaj afatgjatë. Ju mund të jeni të urryer nga e gjithë bota dhe ende keni një punë, një çati dhe shumë ushqim në tavolinë, megjithatë, truri juaj është ende i programuar për të perceptuar refuzimin si një kërcënim për mbijetesën tuaj.

Kjo është arsyeja pse refuzimi mund të jetë kaq i dhimbshëm. Ndërsa e dini se shumica e refuzimeve nuk janë gjë e madhe, ju megjithatë ndjeni dhimbjen emocionale. Nëse dëgjoni mendjen tuaj, mund të krijoni edhe një dramë të tërë rreth saj. Ju mund të besoni se nuk jeni të denjë për dashuri dhe të qëndroni në një refuzim për ditë ose javë. Më keq akoma, ju mund të bini në depresion si rezultat i këtij refuzimi.

Në fakt, një kritikë e vetme shpesh mund të peshojë më shumë se qindra kritika pozitive. Kjo është arsyeja pse, një autor me pesëdhjetë komente me 5 yje, ka të ngjarë të ndihet i tmerrshëm kur të marrë një koment të vetëm me 1 yje. Ndërsa autorja e kupton që rishikimi me 1 yll nuk është një kërcënim për mbijetesën e saj, truri i saj autorial nuk e bën këtë. Ka të ngjarë të interpretojë rishikimin negativ si një kërcënim për egon e saj që shkakton një reagim emocional.

Frika nga refuzimi mund t'ju çojë gjithashtu në dramatizimin e tepruar të ngjarjeve. Nëse shefi juaj ju kritikoi në punë, truri juaj mund ta shohë ngjarjen si një kërcënim dhe ju tani mendoni: "Po sikur të më pushojnë? Po sikur të mos gjej punë mjaft shpejt dhe gruaja ime të më lërë? Po fëmijët e mi? Po sikur të mos i shoh më?" Ndërsa jeni me fat që keni një mekanizëm kaq efektiv mbijetese, është gjithashtu përgjegjësia juaj të ndani kërcënimet reale nga ato imagjinare. Nëse nuk e bëni këtë, do të përjetoni dhimbje dhe shqetësime të panevojshme që do të ndikojnë negativisht në cilësinë e jetës suaj. Për të kapërcyer këtë paragjykim ndaj negativitetit, duhet të ri programoni mendjen tuaj. Një nga fuqitë më të mëdha të një qenieje njerëzore është aftësia jonë për të përdorur mendimet tona për të formësuar realitetin tonë dhe për të interpretuar ngjarjet në një mënyrë më fuqizuese. Ky libër do t'ju mësojë se si ta bëni këtë.

Pse detyra e trurit tuaj nuk është t'ju bëjë të lumtur

Detyra kryesore e trurit tuaj nuk është t'ju bëjë të lumtur, por të sigurojë mbijetesën tuaj. Kështu, nëse doni të jeni të lumtur, duhet të merrni kontrollin e emocioneve tuaja në vend që të shpresoni se do të jeni të lumtur sepse kjo është gjendja juaj natyrore. Në seksionin vijues, ne do të diskutojmë se çfarë është lumturia dhe si funksionon ajo.

Si mund të ngatërrojë dopamina lumturinë tuaj

Dopamina është një neurotransmetues i cili, përveç funksioneve të tjera, luan një rol të madh në shpërblimin e sjelljeve të caktuara. Kur dopamina lëshohet në zona të veçanta të trurit tuaj - qendrat e kënaqësisë - ju merrni një nivel të lartë. Kjo është ajo që ndodh gjatë stërvitjes, kur luani bixhoz, bëni seks ose hani ushqim të mirë.

Një nga rolet e dopaminës është të sigurojë që ju të kërkoni ushqim në mënyrë që të mos vdisni nga uria dhe të kërkoni për një partner që të mund të riprodhoheni. Pa dopaminë, speciet tona ka të ngjarë të ishin zhdukur deri tani. Është një gjë mjaft e mirë, apo jo?

Epo, po dhe jo. Në botën e sotme, ky sistem shpërblimi është, në shumë raste, i vjetruar. Ndërsa në të kaluarën, dopamina ishte e lidhur me instinktin tonë të mbijetesës, çlirimi i dopaminës tani mund të gjenerohet artificialisht. Një shembull i shkëlqyer i këtij efekti janë mediat sociale, të cilat përdorin psikologjinë për të thithur sa më shumë kohë nga jeta juaj. I keni vënë re të gjitha këto njoftime që shfaqen vazhdimisht? Ato përdoren për të shkaktuar një çlirim të dopaminës, kështu që ju qëndroni të lidhur dhe sa më gjatë të qëndroni të lidhur, aq më shumë para bëjnë shërbimet. Shikimi i pornografisë ose lojërave të fatit gjithashtu çon në çlirimin e dopaminës, e cila mund t'i bëjë këto aktivitete shumë të varura.

Për fat të mirë, ne nuk kemi nevojë të veprojmë sa herë që truri ynë çliron dopaminë. Për shembull, ne nuk kemi nevojë të kontrollojmë vazhdimisht lajmet tona në Facebook vetëm sepse na japin një sasi të këndshme dopamine.

Shoqëria e sotme po shet një version të lumturisë që mund të na bëjë të pakënaqur. Ne jemi bërë të varur nga dopamina kryesisht për shkak të tregtarëve që kanë gjetur mënyra efektive për të shfrytëzuar trurin tonë. Ne marrim doza të shumta dopamine gjatë gjithë ditës dhe e duam atë. Por a është kjo e njëjta gjë me lumturinë?

Më keq se kaq, dopamina mund të krijojë varësi të vërteta me pasoja të rënda në shëndetin tonë. Hulumtimi i kryer në Universitetin Tulane tregoi se, kur iu dha leja për të vetë-stimuluar qendrën e tyre të kënaqësisë, pjesëmarrësit e bënin atë mesatarisht dyzet herë në minutë. Ata zgjodhën stimulimin e qendrës së tyre të kënaqësisë mbi ushqimin, madje refuzuan të hanë kur ishin të uritur!

Koreani, Lee Seung Seop është një rast ekstrem i kësaj sindrome. Në vitin 2005, zoti Seop vdiq pasi luajti një lojë video për pesëdhjetë e tetë orë rresht me shumë pak ushqim ose ujë dhe pa gjumë. Hetimi i mëpasshëm arriti në përfundimin se shkaku i vdekjes ishte dështimi i zemrës i shkaktuar nga lodhja dhe dehidratimi. Ai ishte vetëm njëzet e tetë vjeç.

Për të marrë kontrollin e emocioneve tuaja, është thelbësore të kuptoni rolin që luan dopamina dhe si ndikon ajo në lumturinë tuaj. Jeni i varur nga telefoni juaj? A jeni ngjitur në televizorin tuaj? Ose ndoshta kaloni shumë kohë duke luajtur videolojëra.

Shumica prej nesh janë të varur nga diçka. Për disa njerëz është e qartë, por për të tjerët është më delikate. Për shembull, mund të jeni të varur nga të menduarit. Për të kontrolluar më mirë emocionet tuaja, është e rëndësishme të hidhni dritë mbi varësitë tuaja, pasi ato mund t'ju grabisin lumturinë.

Miti i "një ditë do të.."

A besoni se një ditë do të arrini ëndrrën tuaj dhe më në fund do të jeni të lumtur? Kjo nuk ka gjasa të ndodhë. Ju mund (dhe shpresoj se do ta arrini) ëndrrën tuaj, por nuk do të jetoni 'të lumtur përgjithmonë'. Ky është vetëm një mashtrim tjetër që mendja juaj luan me ju.

Mendja juaj përshtatet shpejt me situata të reja, që ndoshta është rezultat i evolucionit dhe nevojës sonë për t'u përshtatur vazhdimisht në mënyrë që të mbijetojmë dhe të riprodhojmë. Kjo është gjithashtu ndoshta arsyeja pse makina ose shtëpia e re që dëshironi do t'ju bëjë të lumtur vetëm për pak kohë. Sapo eksitimi fillestar të shuhet, do të vazhdoni të dëshironi gjënë tjetër emocionuese. Ky fenomen njihet si "përshtatje hedonike".

Si funksionon përshtatja hedonike

Më lejoni të ndaj një studim interesant që ka të ngjarë të ndryshojë mënyrën se si e shihni lumturinë. Ky studim, i cili u krye me fituesit e llotarisë dhe paraplegjikët, ishte jashtëzakonisht tërheqës për mua. I kryer në vitin 1978, hetimi vlerësoi se si fitimi i lotarisë ose bërja paraplegjik ndikon në lumturinë:

Studimi zbuloi se një vit pas ngjarjes, të dy grupet ishin po aq të lumtur sa ishin më parë.

Ndoshta ju besoni se do të jeni të lumtur sapo t'ia dilni mbanë. Por, siç tregon studimi i mësipërm mbi lumturinë, kjo thjesht nuk është e vërtetë. Pavarësisht se çfarë ju ndodh, ju do të ktheheni në nivelin tuaj të paracaktuar të lumturisë pasi të jeni përshtatur me ngjarjen e re. Kështu funksionon mendja juaj.

A do të thotë kjo që nuk mund të jesh më i lumtur se sa je tani? Jo. Ajo që do të thotë është se, në planin afatgjatë, ngjarjet e jashtme kanë shumë pak ndikim në nivelin tuaj të lumturisë.

Në fakt, sipas Sonja Lyubomirsky, autore e Pse-të e Lumturisë, pesëdhjetë për qind e lumturisë sonë përcaktohet nga gjenetika, dyzet përqind nga faktorë të brendshëm dhe vetëm dhjetë përqind nga faktorë të jashtëm. Këta faktorë të jashtëm përfshijnë gjëra të tilla si nëse jemi beqarë apo të martuar, të pasur apo të varfër dhe ndikime të ngjashme shoqërore.

Kjo sugjeron se vetëm dhjetë për qind e lumturisë suaj është e lidhur me faktorë të jashtëm, që ndoshta është shumë më pak se sa keni menduar. Përfundimi është ky: qëndrimi juaj ndaj jetës ndikon në lumturinë tuaj, jo në atë që ju ndodh.

Deri tani, ju e kuptoni se si mekanizmi juaj i mbijetesës ndikon negativisht në emocionet tuaja dhe ju pengon të përjetoni më shumë gëzim dhe lumturi në jetën tuaj.

2

ÇFARË ËSHTË EGO-ja

Mekanizmi juaj i mbijetesës nuk është i vetmi faktor që ndikon në emocionet tuaja. Egoja juaj gjithashtu luan një rol të madh në formimin e mënyrës se si ndiheni. Kështu, për të fituar më shumë kontroll mbi emocionet tuaja, është thelbësore të kuptoni se çfarë është egoja juaj dhe si funksionon.

Tani, le të sqarojmë se çfarë nënkuptojmë me ego. Ne shpesh themi për dikë që ka një "ego të madhe" duke iu referuar egos si diçka afër krenarisë. Ndërsa krenaria është padyshim një manifestim i egos, kjo është vetëm një pjesë e saj. Ju mund të mos tregoni krenari dhe të dukeni të përulur ndërkohë që jeni ende të kontrolluar nga egoja juaj.

Pra, çfarë është egoja?

Egoja i referohet vetë-identitetit që keni ndërtuar gjatë gjithë jetës suaj. Si u krijua ky identitet? E thënë thjesht, egoja u krijua përmes mendimeve tuaja dhe, si një identitet i krijuar nga mendja, nuk ka realitet konkret.

Ngjarjet që ju ndodhin nuk kanë asnjë kuptim në vetvete. Ju u jepni atyre kuptim vetëm nëpërmjet interpretimit tuaj të atyre ngjarjeve. Për më tepër, ju pranoni gjëra për veten tuaj, sepse njerëzit ju thanë ta bëni këtë. Për më tepër, ju identifikoheni me emrin tuaj, moshën tuaj, fenë tuaj, besimin tuaj politik ose profesionin tuaj në një mënyrë të ngjashme.

Kjo lidhje ka pasoja. Siç do ta shohim më vonë në këtë libër, lidhja krijon besime dhe këto besime ju bëjnë të përjetoni emocione të caktuara. Për shembull, mund të ofendoheni kur njerëzit kritikojnë fenë tuaj ose sulmojnë parimet tuaja politike.

Vini re se gjatë gjithë këtij libri, ne do t'i referohemi egos si "historia" ose "identiteti" juaj duke përdorur këto fjalë në mënyrë të ndërsjellë.

A jeni të vetëdijshëm për egon tuaj?

Kuptimi juaj për mënyrën se si funksionon egoja juaj varet nga niveli juaj i vetëdijes. Njerëzit në nivelin më të ulët të vetëdijes nuk janë as të vetëdijshëm se egoja ekziston dhe, si rezultat, janë skllavëruar prej saj.

Nga ana tjetër, njerëzit me shumë vetëdije mund të shohin përmes egos së tyre. Ata e kuptojnë se si funksionon besimi dhe se si lidhja e tepërt me një grup besimesh mund të krijojë vuajtje në jetën e tyre. Në fakt, këta individë bëhen zotër të mendjes së tyre dhe janë në paqe me veten e tyre.

Vini re se egoja nuk është as e mirë as e keqe, është vetëm rezultat i mungesës së vetëdijes. Ajo zbehet ndërsa ndërgjegjësoheni për të, pasi egoja dhe vetëdija nuk mund të bashkëjetojnë.

Nevoja e egos suaj për një identitet

Egoja juaj është një entitet egoist, i shqetësuar vetëm për mbijetesën e tij. Është interesante se është mjaft i ngjashëm me trurin tuaj në mënyrën se si funksionon. Ajo ka mekanizmin e vet të mbijetesës dhe do të bëjë gjithçka që mundet për të vazhduar. Ashtu si me trurin tuaj, shqetësimi i tij kryesor nuk është as lumturia juaj dhe as qetësia juaj e mendjes. Përkundrazi, egoja juaj është e shqetësuar. Ajo dëshiron që ju të jeni një fitues. Ai dëshiron që ju të bëni, të keni dhe të arrini gjëra të mëdha në mënyrë që të mund të bëheni një "dikush".

Siç e kemi përmendur tashmë, egoja juaj ka nevojë për një identitet për të ekzistuar. Mënyra se si e bën këtë është përmes identifikimit me gjërat, njerëzit ose besimet dhe idetë.

Tani, le të shohim disa nga gjërat me të cilat identifikohet egoja juaj për të forcuar identitetin e saj:

Sendet fizike

Egos i pëlqen të identifikohet me gjërat fizike. Është e panevojshme të thuhet se ajo lulëzon në botën e sotme. Ndoshta, mund të themi kapitalizmi dhe shoqëria konsumatorë në të cilën jetojmë sot është krijimi i egove kolektive, prandaj ka qenë modeli ekonomik dominues në dekadat e fundit.

Tregtarët e kuptojnë në mënyrë të përkryer nevojën e njerëzve për t'u identifikuar me gjërat. Ata e dinë që njerëzit nuk blejnë vetëm një produkt, por blejnë edhe emocionet ose historinë e lidhur me produktin. Shpesh, ju blini rroba të caktuara ose një makinë të caktuar sepse dëshironi të tregoni një histori për veten tuaj. Për shembull, mund të dëshironi të përmirësoni statusin tuaj, të dukeni të lezetshëm ose të shprehni personalitetin tuaj unik dhe të zgjidhni produktet më të lidhura me këto ideale.

Kështu funksionon egoja. Ai përdor gjërat për të krijuar një histori me të cilën mund të identifikoheni. Kjo nuk do të thotë se gjërat janë të gabuara në vetvete. Është një çështje negative vetëm kur lidheni tepër me gjërat, duke besuar se ato mund t'ju përmbushin – gjë që ata nuk munden.

Trupi yt

Shumica e njerëzve e marrin vetëvlerësimin e tyre nga pamja e tyre fizike. Egoja juaj pëlqen mënyra se si dukeni sepse është gjëja më e lehtë për t'u njohur dhe për t'u matur. Kur lidheni fort me pamjen tuaj fizike, tentoni të identifikoheni më lehtë me dhimbjen fizike dhe emocionale. Besoni apo jo, ju mund të vëzhgoni trupin tuaj pa u 'identifikuar' me të.

Miq/të njohur

Ego gjithashtu e merr ndjenjën e saj të identitetit nga marrëdhëniet tuaja me të tjerët. Egos i intereson vetëm ajo që mund të marrë nga të tjerët. Me fjalë të tjera, egoja lulëzon në mënyrën se si mund t'i përdorë njerëzit për të forcuar identitetin e saj.

Nëse jeni të sinqertë me veten, do të kuptoni se shumica e gjërave që bëni janë përpjekje për të marrë miratimin e të tjerëve. Ju dëshironi që prindërit tuaj të jenë krenarë për ju, shefi juaj t'ju respektojë dhe gruaja juaj t'ju dojë.

Tani, le të shohim më në detaje se si funksionon egoja në rastet e mëposhtme:

Marrëdhëniet prind/fëmijë

Egoja e disa prindërve çon në krijimin e një ndjenje të fortë lidhjeje dhe identifikimi me fëmijët e tyre. Kjo bazohet në besimin e rremë të tyre fëmijët janë "pasuria" e tyre. Si rezultat, ata përpiqen të kontrollojnë jetën e fëmijëve të tyre dhe t'i 'përdorin' ata për të jetuar jetën që dëshironin të jetonin kur ishin më të vegjël - kjo quhet të jetuarit në mënyrë mëkëmbëse përmes fëmijëve tuaj. Ju e shihni këtë gjatë gjithë kohës. Herën tjetër që të shikoni një lojë futbolli për të rinjtë (ose bejsbolli), shikoni prindërit në linjën kontaktuese për të parë se si reagojnë disa. Provoni t'i dalloni prindërit që jetojnë në mënyrë mëkëmbëse – ata janë ata që bërtasin më fort, dhe jo thjesht në inkurajim. Kjo mund të ndodhë kryesisht në mënyrë të pandërgjegjshme.

Çiftet

Ndjenja e nevojës për dikë është gjithashtu një lojë e egos.

Anthony de Mello ka një mënyrë të bukur për ta thënë kur thotë:

Vetmia nuk shërohet nga shoqëria njerëzore. Vetmia shërohet nga kontakti me realitetin, duke kuptuar se nuk kemi nevojë për njerëz.

- ANTHONY DE MELLO

Pasi të kuptoni se nuk keni nevojë për askënd, mund të filloni të shijoni shoqërinë e njerëzve. Ju mund t'i shihni ata ashtu siç janë në të vërtetë, në vend që të përpiqeni të merrni diçka prej tyre.

Bindjet tuaja

Egoja juaj gjithashtu përdor besimet për të forcuar identitetin e saj. Në raste ekstreme, njerëzit lidhen aq shumë me besimet e tyre saqë janë gati të vdesin për t'i mbrojtur ato.

Më keq akoma, ata janë të gatshëm të vrasin njerëz që nuk pajtohen me ta. Feja është një ilustrim i përsosur i rreziqeve të lidhjes së tepruar me besimet. Egoja do të përdorë çdo besim për të forcuar identitetin e tij, qofshin këto besime fetare, politike apo metafizike.

Objekte të tjera identifikimi

Tani le të hedhim një vështrim në një listë (jo shteruese) të gjërave që egoja juaj në përgjithësi e nxjerr identitetin e saj :

Trupi yt
Emri juaj
Gjinia juaj
Kombësia juaj
Kultura juaj
Familja/miqtë tuaj
Bindjet tuaja (bindjet politike, fetare, etj.)
Historia juaj personale (interpretimi juaj i së kaluarës, pritshmëritë tuaja në lidhje me të ardhmen)
Problemet tuaja (sëmundjet, gjendja financiare, mendësia e viktimës, etj.)
Mosha juaj

Puna jote
Statusi juaj social
Roli juaj (si punonjës, shtëpiake, statusi prindëror, statusi i punësimit, etj.)
Sendet materiale (shtëpia juaj, makina, rrobat, telefoni, etj.)
Dëshirat tuaja

Karakteristikat kryesore të egos

Këtu janë disa karakteristika kryesore të egos:

- *Egoja tenton të barazojë 'të pasurit' me 'qenien', prandaj egos i pëlqen të identifikohet me objektet.*
- *Egoja jeton përmes krahasimit. Egos suaj i pëlqen të krahasohet me egot e tjera.*
- *Egoja nuk është kurrë e kënaqur. Egoja juaj gjithmonë dëshiron më shumë.*

Më shumë famë, më shumë gjëra, më shumë njohje, e kështu me radhë.

Ndjenja e egos së vetëvlerësimit shpesh varet nga vlera që keni në sytë e të tjerëve. Egoja juaj ka nevojë për miratimin e njerëzve të tjerë për t'u ndjerë e vlerësuar.

Nevoja e egos për t'u ndjerë superiore

Egoja juaj dëshiron të ndihet superiore ndaj egove të tjera. Ajo dëshiron të dalë në pah dhe duhet të krijojë ndarje artificiale për ta bërë këtë.

Këtu janë disa strategji që ajo përdor:

Rritja e vlerës së saj përmes njerëzve. Nëse keni miq të zgjuar/të famshëm, egoja juaj do të shoqërohet me ta për të forcuar identitetin e saj. Kjo është arsyeja pse disa njerëzve u pëlqen t'u tregojnë të tjerëve se sa të zgjuar, të pasur apo të famshëm janë miqtë e tyre. Thashetheme. Njerëzit bëjnë thashetheme sepse i bën të ndihen ndryshe dhe superiorë në një farë mënyre. Kjo është arsyeja pse disa njerëzve u pëlqen t'i ulin njerëzit e tjerë dhe të flasin pas shpine; kjo i bën ata - dhe të gjithë të tjerët në grupin e tyre thashetheme - të ndihen superiorë.

Duke manifestuar një kompleks inferioriteti. Kjo fsheh dëshirën për të qenë më i mirë se të tjerët. Po, edhe në këtë rast njerëzit duan të ndihen superiorë.

Manifestimi i një kompleksi superioriteti. Kjo fsheh frikën për të mos qenë mjaftueshëm i mirë.

Në kërkim të famës. Kjo ofron iluzionin e superioritetit, prandaj njerëzit shpesh ëndërrojnë të bëhen të famshëm.

Duke qenë të drejtë. Egos i pëlqen të ketë të drejtë. Është një mënyrë e shkëlqyer për të për të pohuar ekzistencën e saj. A e keni vënë re se të gjithë, nga Adolf Hitleri te Nelson Mandela, besojnë se po bëjnë gjënë e duhur? Shumica e njerëzve mendojnë se kanë të drejtë. Por a mund të kenë të gjithë të drejtë? Duke u ankuar. Kur njerëzit ankohen, sipas definicionit ata besojnë se kanë të drejtë dhe të tjerët e kanë gabim. Ajo ankohet edhe me objektet. Jeni përplasur ndonjëherë në një tavolinë dhe jeni ankuar apo edhe e keni sharë atë? Unë po, dhe tavolina e mallkuar ishte e gabuar që u ndodh në rrugën time, apo jo?

Duke kërkuar vëmendje. Egos i pëlqen të dalë në pah. I pëlqen njohja, lavdërimi ose admirimi. Për të kërkuar vëmendje, njerëzit gjithashtu mund të kryejnë krime, të veshin rroba të çuditshme ose të kenë tatuazhe në të gjithë trupin e tyre.

Ndikimi i egos suaj në emocionet tuaja

Të kuptuarit se si funksionon egoja juaj mund t'ju ndihmojë të kontrolloni më mirë emocionet tuaja. Për ta bërë këtë, së pari duhet të kuptoni se historia juaj aktuale është rezultat i një identifikimi të fortë me njerëzit, gjërat ose idetë. Ky identifikim i fortë është rrënja e shumë emocioneve negative që përjetoni në jetën tuaj. Për shembull:

- *Kur jeta nuk zhvillohet sipas historisë suaj personale, ju mërziteni, ose*
- *Kur dikush sfidon një nga besimet tuaja, ju bëheni mbrojtës.*

Me pak fjalë, shumica e emocioneve tuaja bazohen në historinë tuaj personale dhe mënyrën se si e perceptoni botën. Ndërsa e zëvendësoni historinë tuaj aktuale me një histori më fuqizuese – ndërkohë që, në të njëjtën kohë, hiqni dorë nga lidhja juaj e tepruar me gjërat, njerëzit ose idetë – do të jeni në gjendje të përjetoni më shumë emocione pozitive. Më vonë në këtë libër, do të shohim se si mund të ndryshoni mënyrën se si interpretoni ngjarjet.

3

NATYRA E EMOCIONEVE

Emocionet mund të jenë të ndërlikuara. Në këtë seksion, ne do të diskutojmë në thellësi se si funksionojnë ato. Duke kuptuar mekanizmin e emocioneve, do të jeni në gjendje t'i menaxhoni ato në mënyrë më efektive kur ato lindin.

Gjëja e parë që duhet kuptuar është se emocionet vijnë dhe shkojnë. Një moment ndihesh i lumtur, në tjetrin ndihesh i trishtuar. Ndërsa ju keni njëfarë kontrolli mbi emocionet tuaja, duhet të njihni gjithashtu natyrën e tyre të paparashikueshme. Nëse prisni të jeni të lumtur gjatë gjithë kohës, e vendosni veten për dështim. Ju më pas rrezikoni të fajësoni veten kur 'dështoni' të jeni të lumtur, ose edhe më keq, mundeni veten për këtë.

Për të filluar të kontrolloni emocionet tuaja, duhet të pranoni se ato janë kalimtare. Ju duhet të mësoni t'i lini të kalojnë pa ndjerë nevojën për t'u identifikuar fort me ta. Ju duhet t'i lejoni vetes të ndiheni të trishtuar pa shtuar komente të tilla si: "Unë nuk duhet të jem i trishtuar" ose "Çfarë nuk shkon me mua?" Në vend të kësaj, ju duhet të lejoni që realiteti thjesht të ekzistojë.

Pavarësisht se sa i ashpër jeni mendërisht, do të përjetoni akoma trishtim, pikëllim ose depresion në jetën tuaj - shpresojmë jo në të njëjtën kohë dhe jo vazhdimisht. Ndonjëherë do të ndiheni të zhgënjyer, të tradhtuar, të pasigurt, të inatosur ose të turpëruar. Do të dyshoni në veten tuaj dhe do të dyshoni në aftësinë tuaj për të qenë personi që dëshironi të jeni. Por kjo është në rregull sepse emocionet vijnë, por, më e rëndësishmja, ato ikin.

Emocionet tuaja negative nuk janë të këqija apo të padobishme.

Ju mund të fajësoni veten për përjetimin e emocioneve negative ose, ndoshta, e shihni veten si të dobët mendërisht. Ju madje mund të besoni se diçka nuk është në rregull me ju. Megjithatë, pavarësisht se çfarë mund të thotë zëri juaj i brendshëm, emocionet tuaja nuk janë të këqija. Emocionet janë thjesht emocione. Asgjë më shumë.

Si i tillë, të qenit në depresion nuk ju bën më pak person sesa ishit tre javë më parë kur ishit të lumtur. Të ndihesh i trishtuar tani nuk do të thotë që nuk do të mund të qeshësh më.

Mos harroni këtë: mënyra se si i interpretoni emocionet, si dhe loja e fajësimit në të cilën përfshiheni, krijon vuajtje, jo vetë emocionet.

Në fakt, emocionet negative mund të jenë të dobishme. Ndonjëherë, ju duhet të prekni pjesën e poshtme të gurit përpara se të arrini majën. Edhe njerëzit më të ashpër në tokë bëhen në depresion. Elon Musk kurrë nuk e kishte imagjinuar se do të kishte një krizë mendore, por ai e bëri dhe ai u kthye. Pasi humbi të fejuarën e tij, Abraham Lincoln ishte në depresion për muaj të tërë. Kjo ngjarje tragjike nuk e pengoi atë të bëhej president i Shteteve të Bashkuara. Emocionet negative shpesh i shërbejnë një qëllimi. Ato mund të shërbejnë si një thirrje zgjimi. Ata mund t'ju ndihmojnë të mësoni diçka pozitive për veten tuaj. Natyrisht, kur je nën magjepsjen e tyre, mund të jetë e vështirë të shikosh anën e mirë të gjërave, por në pamje të pasme, mund të kuptosh se emocionet – madje edhe ato të trishtuara – kishin rolin e tyre për të luajtur në suksesin tënd përfundimtar.

Roli pozitiv i emocioneve negative

Emocionet tuaja nuk janë këtu për t'ju bërë jetën më të vështirë, por për t'ju thënë diçka. Pa to, nuk do të rriteshit.

Mendoni për emocionet tuaja negative si ekuivalentin emocional të dhimbjes fizike. Ndërsa ju e urreni të vuani nga dhimbjet, nëse nuk do të kishit dhimbje, shanset janë që do të kishit vdekur deri tani. Dhimbja fizike dërgon një sinjal të fuqishëm se diçka nuk është në rregull, duke ju shtyrë të ndërmerrni veprime të një lloji. Mund të jetë konsultimi me mjekun tuaj, gjë që mund t'ju bëjë që t'i nënshtroheni një operacioni, të ndryshoni dietën tuaj ose të rrisni stërvitjen.

Pa dhimbje fizike, nuk do të bënit asgjë nga këto gjëra dhe situata juaj do të përkeqësohej, duke çuar potencialisht në një vdekje të parakohshme.

Emocionet funksionojnë në të njëjtën mënyrë. Ata ju sinjalizojnë të bëni diçka për situatën tuaj aktuale. Ndoshta, ju duhet të lini disa njerëz, të lini punën ose të hiqni një histori zhgënjyese që krijon vuajtje në jetën tuaj.

Natyra kalimtare e emocioneve

Pavarësisht se sa i dëshpëruar jeni, sa pikëllim po përjetoni ose sa të tmerrshëm ndiheni në një moment të caktuar kohor, kjo do të kalojë.

Shikoni disa nga emocionet negative që keni përjetuar në të kaluarën. Mos harroni momentet më të këqija në jetën tuaj. Gjatë këtyre periudhave më të vështira, ndoshta keni qenë aq të kapur nga emocionet tuaja, sa e imagjinonit se nuk do të mund t'i shpëtonit kurrë. Ju nuk mund ta imagjinoni të jeni të lumtur përsëri. Por edhe këto episode përfunduan. Më në fund, retë u shpërndanë dhe e vërteta ju shkëlqeu përsëri.

Emocionet tuaja vijnë dhe ikin. Depresioni juaj do të largohet, trishtimi juaj do të zhduket dhe zemërimi juaj do të zhduket.

Mbani në mend, nëse përjetoni të njëjtat emocione në mënyrë të përsëritur, kjo ndoshta do të thotë që keni besime zhgënjyese dhe keni nevojë të ndryshoni diçka në jetën tuaj. Ne do të diskutojmë se si më vonë.

Nëse vuani nga depresioni i rëndë, kronik, mund të jetë një ide e mirë të konsultoheni me një specialist.

Mashtrimi i emocioneve

A keni ndjerë ndonjëherë se nuk do të jeni më kurrë të lumtur? A keni qenë ndonjëherë aq i lidhur me emocionet tuaja sa keni menduar se ato nuk do të largohen kurrë?
Mos u shqetësoni, është një ndjenjë e zakonshme.

Emocionet negative veprojnë si një filtër që njollos cilësinë e përvojave tuaja.

Gjatë një episodi negativ, çdo përvojë perceptohet përmes këtij filtri.

Ndërsa bota jashtë mund të mbetet e njëjtë, ju do ta përjetoni atë në një mënyrë krejtësisht të ndryshme bazuar në mënyrën se si ndiheni.

Për shembull, kur jeni në depresion, nuk ju pëlqen ushqimi që hani, filmi që shihni ose aktivitetet në të cilat përfshiheni. Ju shikoni vetëm anën negative të gjërave, duke u ndjerë i bllokuar dhe i pafuqishëm. Nga ana tjetër, kur je në humor pozitiv, gjithçka në jetë duket më mirë. Ushqimi ka shije të shkëlqyeshme, jeni natyralisht më miqësor dhe kënaqeni me të gjitha aktivitetet në të cilat merrni pjesë.

Tani mund të besoni se, të armatosur me njohuritë që keni marrë nga ky libër, nuk do të jeni më kurrë në depresion. Gabim! Do të vazhdoni të përjetoni trishtim, zhgënjim, depresion ose pakënaqësi, por shpresojmë se sa herë që ndodhin këto, do të bëheni më të mençur dhe më të mençur, duke kujtuar se edhe kjo do të kalojë.

Më duhet të pranoj se mund të mashtrohen lehtësisht nga emocionet e mia. Ndonëse e di që nuk jam emocionet e mia, sërish u jap atyre shumë kredi dhe nuk arrij të kuptoj se janë thjesht vizitorë të përkohshëm. Më e rëndësishmja, nuk arrij të kujtoj se ata nuk jam unë. Emocionet vijnë e ikin gjithmonë, por unë mbetem. Pasi stuhia emocionale ka kaluar, në përgjithësi ndihem idiot që i kam marrë kaq seriozisht emocionet e mia. A ju?

Është interesante se faktorët e jashtëm mund të mos jenë - dhe shpesh nuk janë - shkaku i drejtpërdrejtë i një ndryshimi të papritur në gjendjen tuaj emocionale. Ju mund të jeni në të njëjtën situatë, me të njëjtën punë, të njëjtën sasi parash në llogarinë tuaj bankare dhe të keni të njëjtat probleme si gjithmonë, por të përjetoni gjendje emocionale rrënjësisht të ndryshme. Në fakt, nëse shikoni të kaluarën tuaj, kjo është shpesh ajo që ndodh. Jeni në depresion të lehtë për disa orë ose disa ditë, përpara se të ktheheni në gjendjen tuaj emocionale 'normale/parazgjedhur'. Gjatë kësaj periudhe stresi emocional, mjedisi juaj nuk ndryshon fare. E vetmja gjë që ndryshon është dialogu juaj i brendshëm.

Ju inkurajoj të bëni një përpjekje të vetëdijshme për të vënë re sa herë që ndodhin ngjarje të tilla dhe të filloni të kuptoni mashtrimet e emocioneve tuaja. Ju mund të dëshironi të shkoni një hap më tej dhe t'i regjistroni këto ngjarje në një ditar. Duke vepruar kështu, do të fitoni një kuptim më të thellë se si funksionojnë emocionet dhe, si rezultat, do të jeni më të pajisur për t'i menaxhuar ato.

Fuqia e keqe e emocioneve

Emocionet negative janë si një magji. Ndërsa jeni nën ndikimin e tyre, të çliroheni prej tyre duket e pamundur. Ju mund ta dini se të ndalesh në të njëjtat mendime është e kotë, por nuk mund të mos ecësh me rrjedhën. Duke ndjerë një tërheqje intensive, ju vazhdoni të identifikoheni me mendimet tuaja dhe, si rezultat, ndiheni gjithnjë e më keq. Kur kjo ndodh, asnjë argument racional nuk duket se funksionon.

Sa më shumë që këto emocione të përshtaten me historinë tuaj personale, aq më e fortë bëhet tërheqja. Për shembull, nëse besoni se nuk jeni mjaftueshëm të mirë, mund të përjetoni emocione negative si faji ose turpi sa herë që gjykoni se çfarë bëni "nuk është mjaft e mirë". Për shkak se i keni përjetuar këto emocione shumë herë më parë, ato janë kthyer në një përgjigje automatike.

Për më shumë informacion se si funksionon identifikimi me emocionet, referojuni seksionit "Identifikimi".

Fuqia filtruese e emocioneve

Gjendja juaj emocionale mund të ndikojë në mënyrë drastike në këndvështrimin tuaj për jetën, duke ju bërë të veproni dhe të silleni ndryshe.

Kur jeni në gjendje pozitive, keni më shumë energji në dispozicion.

Kjo ju jep:

Më shumë besim në gjithçka që bëni

Mungesën e besimit që ndikon në gjithçka që bëni

Mungesën e motivimit që zvogëlon fushën e veprimeve që jeni të gatshëm të ndërmerrni

Një hezitim për të marrë përsipër sfida të reja dhe për të lënë zonën tuaj të rehatisë

Një aftësi e zvogëluar për të qëndruar përballë pengesave dhe një prirje për të tërhequr mendime negative brenda të njëjtit diapazon emocional.

Le të hedhim një vështrim në një shembull real.

Shembull i jetës reale:

Më lejoni të ndaj me ju një shembull të vërtetë nga jeta ime. Të dyja rastet kanë ndodhur në të njëjtat kushte të jashtme. I vetmi ndryshim ishte gjendja ime emocionale në atë kohë.

Rasti 1 - Ndihem i emocionuar për biznesin tim në internet:
Më shumë besim në çdo gjë që bëj: ndihem sikur idetë e mia janë të mira. Jam i emocionuar të punoj në librat e mi dhe kam dëshirë të shkruaj artikuj. Unë jam i hapur për të ndarë punën time dhe për ta promovuar atë.

Një hapje për të shqyrtuar drejtime të reja veprimi: Jam i hapur për ide të reja ose për të zhvilluar/punuar në një projekt të ri. Mund të mendoj mënyra për të bashkëpunuar me autorë të tjerë dhe të filloj të ndërtoj një program të ri stërvitor për t'i ofruar audiencës time.

Aftësia për të dalë nga zona ime e rehatisë: Më bëhet më e lehtë të shtyj veten përtej zonës sime të rehatisë. Mund të kontaktoj me njerëz që nuk i njoh, ose mund të drejtoj 'Facebook Lives' për shembull.

Më shumë hapësirë emocionale për të ngulmuar: Unë i përmbahem projekteve të mia edhe kur më mungon motivimi.

Ide më të mira dhe kreativitet i zgjeruar: Unë jam i hapur për ide të reja. Mund të vij me ide të reja për libra, artikuj apo projekte të tjera krijuese.

Qasje e lehtë në emocione më pozitive: Unë tërheq më shumë emocione pozitive. Në të njëjtën kohë, mendja ime i refuzon më lehtë mendimet negative, duke refuzuar të identifikohem me to.

Rasti 2 - Ndjehem në depresion të lehtë për shkak të mungesës së rezultateve:

Mungesa e besimit: Filloj të dyshoj për veten dhe për të gjitha projektet për të cilat jam duke punuar aktualisht. Papritur, gjithçka që bëj bëhet e padobishme ose 'jo mjaftueshëm e mirë'. Mendime të tilla si: "Ç'kuptim ka?", "Nuk do t'ia dal" ose "Unë jam budalla", më kalojnë në mendje. Është e panevojshme të thuhet se promovimi i vetvetes bëhet një sfidë e madhe.

Mungesa e motivimit: Nuk kam dëshirë të bëj asgjë. Unë jam i sulmuar nga mendimet negative dhe nuk mund t'i shpëtoj. Kam të njëjtat mendime negative vazhdimisht, të cilat përsëriten si një rekord i thyer. Ato duken kaq reale dhe njollosin të gjitha përvojat e mia.

Vështirësi për të përballuar sfidat e reja: më ka mbetur pak energji për të lënë rehatinë time dhe për të ndërmarrë projekte sfiduese. Një aftësi e reduktuar për të qëndruar: Kam vështirësi në përfundimin e detyrave dhe zvarrit detyrat që 'duhet' të punoj.

Një prirje për të tërhequr mendime negative: Unë tërheq gjithnjë e më shumë mendime negative. Edhe pse këto mendime mund të më kenë kaluar në mendje më parë, tani ato qëndrojnë shpejt. Duke u identifikuar me këto mendime, gjeneroj më shumë emocione negative.

Të dyja rastet kanë ndodhur vetëm disa ditë. Mjedisi i jashtëm ishte saktësisht i njëjtë, por gjendja ime emocionale ishte rrënjësisht e ndryshme dhe më shtynte të ndërmarr veprime të ndryshme.

Fuqia magnetike e emocioneve

Emocionet tuaja veprojnë si magnet. Ato tërheqin mendimet në të njëjtën 'valë'. Kjo është arsyeja pse, kur jeni në një gjendje negative, ju tërhiqni lehtësisht mendime të tjera negative dhe duke u lidhur me këto mendime ju e përkeqësoni situatën.

Siç shkroi Eckhart Tolle në "Pushteti i të Tashmes":

Shpesh, një rreth vicioz krijohet midis të menduarit tuaj dhe emocioneve: ata ushqejnë njëri-tjetrin. Modeli i mendimit krijon një reflektim të zmadhuar të vetvetes në formën e një emocioni dhe frekuenca vibruese e emocionit vazhdon të ushqejë modelin origjinal të mendimit.

- ECKHART TOLLE

Tani, le të shohim se çfarë mund të bëni për t'u çliruar nga ajo fuqi magnetike Duke thyer fuqinë magnetike të emocioneve

Le të themi se keni një ditë të keqe në punë dhe jeni në një humor të tmerrshëm. Gjendja negative në të cilën ndodheni ju bën të tërheqni më shumë mendime negative. Papritur, ju fiksoheni në faktin se jeni ende beqar në të tridhjetat dhe filloni të rrahni veten për këtë. Pastaj, ju fajësoni veten për mbipeshë. Ju gjithashtu mbani mend se duhet të shkoni në zyrë të shtunën e ardhshme, e cila ju kujton se sa e keqe është puna juaj.

A e shihni sa më lehtë është të tërhiqni mendimet negative kur ndiheni të dobët? Për të parandaluar që kjo të ndodhë, është thelbësore që të hiqni zakonin e grumbullimit të mendimeve negative së bashku.

Shembull i jetës reale:

Kam probleme me gjurin, gjë që më pengon të ushtrohem shumë sporte. Meqenëse gjithmonë i kam dashur sportet, këto lëndime kanë qenë burim dhimbjeje emocionale. Për fat të mirë, rrallë ndjej dhimbje në gjunjë, por kur e ndjej, mund të shkaktojë emocione negative. Një ditë, ndërsa po vëzhgoja procesin tim të të menduarit - të gjithë kemi hobi të ndryshëm, apo jo - kuptova se përjetimi i dhimbjes në gjunjë ndikoi negativisht në disponimin tim, duke shkaktuar më shumë emocione negative në një lak reagimesh negative. Dhimbja do të më bënte të përqendrohesha në të gjitha gjërat që po shkonin keq, nga puna ime në jetën time personale. Si rezultat, do të përjetoja emocione negative për orë të tëra, apo edhe ditë.

Pika që po them është, pavarësisht se sa e mrekullueshme është jeta juaj, nëse kaloni pjesën më të madhe të kohës duke u fokusuar në problemet tuaja, do të bini në depresion. Kështu, për të reduktuar emocionet negative, duhet të mësoni t'i ndani çështjet tuaja. Mos lejoni që mendja juaj t'i mbi-dramatizojë gjërat duke grumbulluar çështje që nuk kanë lidhje. Kjo vetëm do t'ju bëjë të ndiheni më keq. Në vend të kësaj, mbani mend se emocionet negative ekzistojnë vetëm në mendjen tuaj. Marrë veçmas, shumica e çështjeve tuaja nuk janë aq të mëdha, dhe nuk ka asnjë rregull që thotë se duhet t'i zgjidhni të gjitha menjëherë.

Filloni të vini re se si ndiheni. Regjistroni emocionet tuaja negative. Shikoni se çfarë i shkakton ato. Sa më shumë ta bëni këtë, aq më shumë do të zbuloni modele të caktuara. Për shembull, le të themi se jeni ndjerë i trishtuar për disa ditë, bëni vetes pyetjet e mëposhtme:

Çfarë i nxiti emocionet e mia?
Çfarë i ka ushqyer ata gjatë periudhës dyditore?
Çfarë historie po i tregoja vetes?
Si dhe pse dola nga kjo rënie?
Çfarë mund të mësoj nga ky episod?

Përgjigja e këtyre pyetjeve do të jetë e paçmueshme dhe do t'ju ndihmojë shumë të përballeni me çështje të ngjashme në të ardhmen.

Aksesueshmëria juaj emocionale

Më parë ju pamë të tërhiqnit mendime që përputheshin me gjendjen tuaj emocionale. E kundërta është gjithashtu e vërtetë. Ju nuk mund të tërhiqni mendime që nuk janë të sinkronizuara me mënyrën se si ndiheni në një moment të caktuar. Edhe nëse do të përpiqeshit të mendonit mendime pozitive, mendja juaj nuk do t'i pranonte ato. Kjo është arsyeja pse gjatë periudhave në trishtim, ndërkohë që mendimet pozitive mund t'ju kalojnë herë pas here në mendje, nuk do të jeni në gjendje të shoqëroheni me to dhe nuk do të jeni në gjendje të ndryshoni gjendjen tuaj emocionale.

Pika juaj e caktuar emocionale

A ju është thënë ndonjëherë të gëzoheni kur jeni të pikëlluar, ose të shprehni mirënjohje kur jeni në depresion? A ndihmoi? Ndoshta jo. Kjo është për shkak se gjendja emocionale në të cilën ndodheshit nuk ju lejonte të keni akses në këto emocione.

Në librin e tyre, 'Kërko dhe do të të Jepe't, Ester dhe Jerry Hicks ofrojnë një model për të shpjeguar se si janë të lidhura sferat emocionale dhe si mund të ngjitemi në shkallët nga emocionet negative në më pozitive. Për shembull, në këtë model, depresioni ose pashpresa është në fund të shkallës, e ndjekur nga zemërimi. Çfarë do të thotë është se kur ndiheni të dëshpëruar, shenjat e zemërimit tregojnë se po ngjitni shkallët emocionale. Kjo ka kuptim. Kur je i zemëruar ke më shumë energji sesa kur je në depresion, apo jo?

Kohët e fundit, pasi isha në depresion për një kohë, përjetova ndjenja zemërimi. Për disa arsye, u lodha nga historitë dhe justifikimet që më kalonin në mendje dhe e përdora zemërimin si lëndë djegëse për të përfunduar detyrat që kisha shmangur. Si rezultat, unë munda të krijoja vrull dhe të ngjisja shkallët emocionale.

Sa herë që përjetoni emocione negative, shikoni për emocione që ju japin më shumë energji. Të ashtuquajturat emocione negative si zemërimi mund t'ju ndihmojnë të kapërceni edhe më shumë emocione zhgënjyese, si pashpresa. Vetëm ju e dini se si ndiheni. Prandaj, nëse zemërimi ndihet më mirë, pranoje atë.

Emocionet dhe vuajtjet mendore

A e dini se krijoni shumë dhimbje të panevojshme në jetën tuaj? Sa herë që mbylleni pas një mendimi, ose mbani një emocion, vuani. Një shembull i shkëlqyer i kësaj është se si reagoni ndaj dhimbjes fizike. Sa herë që ndjeni dhimbje, reagimi juaj i parë është ta interpretoni atë. Kur e bëni këtë, krijoni mendime negative. Identifikimi juaj me këto mendime është ai që krijon mendor duke vuajtur. Më poshtë janë disa nga mendimet që mund t'ju kalojnë në mendje në këto situata:

Po sikur kjo dhimbje të mos largohet kurrë?
Po sikur të mos mund të bëj më X, Y, Z për shkak të dhimbjes?
Po sikur të përkeqësohet?
Po sikur të më duhet të bëj një operacion?
Po sikur të mos mund të shkoj në punë? Kam një projekt të rëndësishëm që duhet ta përfundoj në kohë

Me këtë dhimbje, e sotmja do të jetë sfiduese
Nuk kam para. Si do t'i paguaj faturat e spitalit nëse gjërat përkeqësohen?

Ky dialog i brendshëm krijon vuajtje, por nuk ndihmon asgjë për të zgjidhur problemin. Ju ende mund të funksiononi siç duhet dhe të ndërmerrni veprimet e duhura pa u ndalur në asnjë nga shqetësimet e mësipërme. Emocionet negative nuk janë problemi, është vuajtja mendore që krijoni nga këto emocione.

Një shembull tjetër i vuajtjes mendore është zvarritja. A keni vonuar ndonjëherë fillimin e një detyre për ditë ose javë vetëm për të kuptuar se nuk ishte një punë e madhe pasi ta kishit përfunduar? Unë kam. Cila ishte pjesa më rraskapitëse, vetë detyra apo koha që shpenzove duke u shqetësuar për të?

Ose ndoshta nuk keni fjetur mjaftueshëm dhe vazhdoni t'i thoni vetes se sot do të jetë një ditë e vështirë. Ndërsa imagjinoni të gjitha detyrat që duhet të bëni, tashmë ndiheni të rraskapitur.

Psikologët kanë treguar se vuajtja mendore është ajo që konsumon pjesën më të madhe të energjisë tuaj. Në fund të fundit, qëndrimi ulur në një tavolinë gjatë gjithë ditës nuk duhet të jetë aq i lodhshëm, megjithatë shumë prej nesh ndihen të rraskapitur në fund të ditës. Në librin e tij klasik, Si të ndaloni së shqetësuari dhe të filloni të jetoni, Dale Carnegie shkroi sa vijon:

Një prej psikiatërve më të shquar të Amerikës, Dr. AA Brill, shkon edhe më tej. Ai deklaron, "Njëqind për qind e lodhjes së punonjësit të ulur në gjendje të mirë shëndetësore është për shkak të faktorëve psikologjikë, me të cilët nënkuptojmë faktorët emocionalë.

- DALE CARNEGIE

Njerëzit i shkaktojnë vetes një vuajtje të madhe. Ndërsa vazhdoni të lexoni këtë libër, do të kuptoni idiotësinë e këtij aktiviteti. Ju do të vini re njerëzit përreth jush që banojnë në një të kaluar që nuk mund ta ndryshojnë. Do të shihni se anëtarët e familjes dhe miqtë tuaj shqetësohen për një të ardhme që nuk mund ta parashikojnë. Do të dëshmoni se njerëzit kanë të njëjtat mendime të përsëritura, duke vrapuar në qarqe për të luftuar një problem që ekziston vetëm në mendjen e tyre. Për mijëra vjet, mistikët na kanë thënë se problemet janë në mendjen tonë. Ata na kanë ftuar vazhdimisht të shikojmë brenda. Megjithatë, sot sa njerëz po dëgjojnë?

Shumë prej nesh janë të varur nga problemet tona. Në vend që ta lëshojmë, ne ankohemi, luajmë viktimën, fajësojmë të tjerët ose diskutojmë problemet tona pa bërë asgjë për t'i zgjidhur ato. Për të reduktuar këtë vuajtje mendore, ne duhet të refuzojmë të interpretojmë emocionet tona në një mënyrë negative dhe zhgënjyese.

Pse problemet nuk ekzistojnë

Nëse shkojmë një hap më tej dhe e shikojmë realitetin në një mënyrë objektive, mund të themi se problemet në fakt nuk ekzistojnë. Ja pse:

Ajo në të cilën nuk përqendroheni nuk ekziston: Një problem ekziston vetëm kur i kushtoni vëmendjen tuaj. Nga këndvështrimi i mendjes suaj, ajo për të cilën nuk mendoni, nuk ekziston. Le të marrim një shembull hipotetik. Imagjinoni të keni humbur këmbët. Nëse e pranoni këtë fakt menjëherë dhe refuzoni të mendoni për të, nuk do të ketë asnjë problem dhe rrjedhimisht, nuk do të ketë vuajtje mendore. Ju thjesht do të jetonit në realitet, (natyrisht, zakonisht nuk ndodh kështu).

Problemi ekziston vetëm në kohë: Një problem mund të ekzistojë vetëm në të kaluarën ose në të ardhmen. Dhe ku ekzistojnë e kaluara dhe e ardhmja? Në mendjen tënde. Për të pranuar një problem, duhet të përdorni mendimet tuaja dhe mendimet ekzistojnë në kohë, jo në momentin aktual.

Një problem duhet të etiketohet si problem që të ekzistojë realisht:

Një problem ekziston vetëm kur e interpretoni një situatë si një problem. Përndryshe, nuk ka asnjë problem.

Ky koncept mund të jetë i vështirë për t'u kuptuar në fillim, por është një teori kryesore. Në seksionin tjetër, ne do të shikojmë komponentët e ndryshëm që ndikojnë në emocionet tuaja.

PJESA II

ÇFARË NDIKON NË EMOCIONET TUAJA

Mendja juaj funksionon sipas parimit të famshëm informatik të GIGO - mbeturinat brenda, mbeturinat jashtë. Nëse sëmureni, flisni keq dhe mendoni keq, mbetjet do t'ju bëjnë të sëmureni. Nëse bëni mirë, flisni mirë dhe mendoni mirë, rezultati do të jetë i mirë.

- OM SWAMI, NJË MILION MENDIME.

Emocionet janë komplekse dhe një sërë faktorësh ndikojnë në mënyrën se si ndiheni. Në këtë seksion, ne do të mbulojmë disa nga elementët që ndikojnë në atë që nxit emocionet tuaja. Lajmi i mirë është se ju keni pak kontroll mbi ta.

Nëse përjashtojmë reagimet emocionale spontane që rezultojnë nga mekanizmi juaj i mbijetesës, shumica e emocioneve tuaja krijohen vetë. Ato vijnë nga mënyra se si interpretoni mendimet ose ngjarjet.

Megjithatë, këto nuk janë elementët e vetëm që ndikojnë në gjendjen tuaj emocionale. Trupi juaj, zëri juaj, ushqimi që hani ose sa shumë flini, gjithashtu luajnë një rol në përcaktimin e cilësisë së emocioneve tuaja dhe rrjedhimisht cilësisë së jetës suaj.

Le të shohim se si secili prej këtyre elementeve ndikon në emocionet tuaja.

4

NDIKIMI I GJUMIT NË HUMORIN TUAJ

Cilësia e gjumit tuaj dhe sa flini, ndikon në gjendjen tuaj emocionale. Ju ndoshta i keni përjetuar vetë efektet anësore të mungesës së gjumit. Ndoshta, jeni ndjerë i mërzitur, i paaftë për t'u përqendruar, i dëshpëruar ose keni pasur vështirësi të përballeni me emocionet negative.

Mungesa e gjumit mund të ndikojë në humor në mënyra të ndryshme.

Sipas një sondazhi të kryer me njerëzit që vuajnë nga ankthi ose depresioni, shumica e të anketuarve raportuan se flinin më pak se gjashtë orë në natë.

Mungesa e gjumit gjithashtu rrit rrezikun e vdekshmërisë. Në 2016 një studim i kryer nga studiuesit në organizatën jofitimprurëse, RAND Europe, vlerësoi se njerëzit që flinin më pak se gjashtë orë natën kishin trembëdhjetë për qind më shumë rrezik të vdekshmërisë sesa njerëzit që flinin midis shtatë dhe nëntë orë. Të njëjtat studime zbuluan se mungesa e gjumit i kushtoi ekonomisë së Shteteve të Bashkuara rreth 411 miliardë dollarë në vit.

Është interesante se privimi i gjumit gjithashtu duket se zvogëlon aftësinë e një individi për të shijuar përvoja pozitive. Një studim tjetër tregon se, ndërsa njerëzit që bënin gjumë të mjaftueshëm përjetuan një efekt pozitiv kjo përvojë, asnjë efekt i tillë nuk u krijua tek njerëzit që ishin të privuar nga gjumi.

Si të përmirësoni cilësinë e gjumit

Ka shumë mënyra për të përmirësuar cilësinë e gjumit. Le të kalojmë në disa prej tyre:

Sigurohuni që dhoma juaj e gjumit të jetë e errët. Shumë studime kanë treguar se sa më e errët të jetë dhoma e gjumit, aq më mirë priremi të flemë. Nëse dhoma juaj nuk është e errët, çfarë mund të bëni për ta bërë atë më të errët? Ndoshta mund të blini një maskë gjumi, ose perde që bëjnë një punë më të mirë në bllokimin e dritës së ditës.

Shmangni përdorimin e pajisjeve elektronike. Kjo vlen për telefonat inteligjentë, tabletët, televizorët dhe të ngjashme. Sipas SleepFoundation.org, "Studimet kanë treguar se edhe pajisjet tona të vogla elektronike lëshojnë dritë të mjaftueshme për të dëmtuar trurin dhe për të nxitur zgjimin. Si të rritur, ne jemi subjekt i këtyre ndikimeve dhe fëmijët tanë janë veçanërisht të ndjeshëm". Në 2014 një studim i botuar në PNAS tregoi se melatonina, një kimikat e cila ndihmon në rregullimin e modeleve të gjumit, u reduktua me pesëdhjetë për qind te pjesëmarrësit që lexonin me pajisje elektronike dhe jo me libra. Këtyre pjesëmarrësve iu deshën rreth dhjetë minuta më shumë për të rënë në gjumë dhe humbën dhjetë minuta gjumë të thellë (i njohur edhe si REM). Pjesëmarrësit gjithashtu raportuan se ndiheshin më pak vigjilent në mëngjes. Nëse pajisja juaj ka një cilësim të dritës për përdorim gjatë natës, mund të ketë ende një ndikim negativ në gjumin tuaj, por thjesht provoni cilësimin e natës dhe shikoni nëse kjo bën një ndryshim në modelet tuaja të gjumit. Nëse absolutisht duhet të përdorni pajisje elektronike gjatë natës, merrni parasysh mbajtjen e syzeve që bllokojnë dritën blu që lëshojnë. Është më mirë të vendosni syzet disa orë para se të shkoni në shtrat.

Relaksoni mendjen tuaj. Nëse jeni si unë, mund të keni të gjitha llojet e mendimeve që ju kalojnë në kokë kur është koha për të fjetur. Unë prirem të emocionohem shumë për idetë e reja që kam, ose gjërat që dua të bëj. Si rezultat, shpesh ndihem sikur ka kaq shumë gjëra që mund t'i kisha përfunduar gjatë ditës dhe këto ndjenja e bëjnë të vështirë për mua të fle. Përveç fikjes së pajisjeve elektronike para gjumit, kam zbuluar se dëgjimi i muzikës qetësuese ndihmon vërtet.

Leximi i një libri fizik mund të më ndihmojë gjithashtu të relaksohem (për sa kohë që nuk emocionohem shumë nga libri.)

Shmangni pirjen e tepërt të ujit brenda dy orëve pas gjumit.Kjo është e qartë, por ende vlen të përmendet. Nëse duhet të shkoni në tualet në mes të natës, kjo do t'ju ndërpresë gjumin. Kjo, sigurisht, ndoshta do t'ju bëjë më të lodhur të nesërmen.

Bëni një ritual në mbrëmje. Vetëm kjo do t'ju ndihmojë të bini në gjumë më lehtë. Është më mirë të provoni të shkoni në shtrat në të njëjtën kohë çdo natë, duke përfshirë edhe fundjavat. Nëse ju pëlqen të dilni gjatë fundjavës dhe të qëndroni zgjuar deri vonë, kjo do të jetë një sfidë, por ju inkurajoj ta provoni dhe të shihni se si do të shkojë. Një ritual në mbrëmje do t'ju ndihmojë gjithashtu të qëndroni në rrugën e duhur me ritualin tuaj të mëngjesit. Do të jetë më e lehtë të zgjoheni çdo ditë në të njëjtën kohë pa u ndjerë të lodhur nëse keni një ritual në mëngjes dhe një natë. Nëse dilni jashtë dhe qëndroni zgjuar deri vonë gjatë fundjavës, një gjë që mund të bëni është të zgjoheni herët si gjatë ditëve të javës dhe të bëni disa sy gjumë gjatë gjithë ditës sipas nevojës.

Nëse keni vështirësi për të fjetur mirë, përpiquni të zbatoni disa nga gjërat e përmendura më sipër. Këshilla më e mirë që mund t'ju jap është të vazhdoni të provoni strategji të ndryshme derisa të kuptoni se çfarë funksionon më mirë për ju.

5

PERDORIMI I TRUPIT TUAJ PER TE NDIKUAR NE EMOCIONET TUAJA

Trupat tanë ndryshojnë mendjet tona, mendjet tona ndryshojnë sjelljen tonë dhe sjellja jonë ndryshon rezultatet tona.

- AMY CUDDY, PSIKOLOGE SOCIALE.

Gjuha e trupit dhe qëndrimi i trupit

Duke ndryshuar gjuhën e trupit dhe qëndrimin e trupit tuaj, ju mund të ndryshoni mënyrën se si ndiheni. Kur jeni të sigurt ose të lumtur, ju zgjeroni trupin tuaj dhe e bëni veten më të madh. A e keni vënë re se si burrat drejtojnë shpinën, zgjerojnë gjoksin dhe shtrëngojnë barkun kur shohin një grua tërheqëse? Kjo është një sjellje e pavetëdijshme e krijuar për të treguar besim dhe fuqi (në të njëjtën mënyrë që gorillat godasin gjoksin e tyre).

Në një nga eksperimentet e saj, Amy Cuddy, një psikologe sociale në Shkollën e

Biznesit në Harvard, tregoi se pjesëmarrësit që morën një pozë me fuqi të lartë për vetëm dy minuta, shfaqnin karakteristika të ngjashme me ato të njerëzve të sigurt dhe të fuqishëm. Më konkretisht, ajo vuri re ndryshimet e mëposhtme hormonale.

Pasi të keni marrë një pozë me fuqi të lartë për dy minuta:

Testosteroni u rrit me 25%
Kortizoli u ul me 10%, dhe
Toleranca ndaj rrezikut u rrit, me 86% të pjesëmarrësve që zgjodhën të merrnin pjesë në një lojë fati.

Pasi të keni marrë një pozë me fuqi të ulët për dy minuta:

Testosteroni u ul me 10%
Kortizoli u rrit me 15%, dhe
Toleranca ndaj rrezikut u ul, me vetëm 60% të pjesëmarrësve që zgjodhën të merrnin pjesë në një lojë fati.

Siç mund ta shihni, në fakt mund të ndryshoni mënyrën se si ndiheni thjesht duke ndryshuar qëndrimin e trupit ose shprehjen e fytyrës. Është ajo që disa njerëz e quajnë "shtiru derisa ta bësh". Për shembull, ju mund të vendosni një buzëqeshje në fytyrën tuaj për t'ju bërë të ndiheni më të lumtur. Anasjelltas, ju mund të ndikoni negativisht në disponimin tuaj dhe madje të krijoni një depresion duke ndryshuar qëndrimin e trupit tuaj.

David K. Reynolds, në librin e tij Jetesë Konstruktive, shpjegoi se si ai ndryshoi identitetin e tij për alter egon e tij, David Kent, dhe krijoi një pacient depresiv, vetëvrasës. Qëllimi ishte që të pranohej si një pacient anonim në objekte të ndryshme psikiatrike për t'i vlerësuar ata nga brenda. Vini re se ai nuk po simulonte depresionin, ai në fakt ishte në depresion. Këtë e vërtetuan testet psikologjike. Ja si krijoi depresionin:

Depresioni mund të krijohet duke qëndruar ulur në një karrige, shpatullat e përkulura, kokën e varur poshtë. Përsëritni këto fjalë vazhdimisht: 'Nuk ka asgjë që dikush nuk mund ta bëjë. Askush nuk mund të më ndihmojë. Është e kotë. Unë jam i pafuqishëm. Unë dorëzohem.' Tunde kokën, psherëtij, qaj. Në përgjithësi, veproni në depresion dhe ndjenja e vërtetë do të vijë me kalimin e kohës.

- DAVID K. REYNOLDS, JETË KONSTRUKTIVE.

Përfitimet e ushtrimeve

Sipas Majkëll Otto, profesor i psikologjisë në Universitetin e Bostonit, "Dështimi për tu ushtruar kur ndihesh keq është si të mos marrësh një aspirinë kur të dhemb koka".

Kur erdhi koha që 'David Kent' të kthente në jetë David K. Reynolds, çfarë mendoni se iu desh të bënte? Ai duhej thjesht të ndryshonte pozicionin e trupit. Lehtë për t'u thënë, por e vështirë për t'u bërë kur jeni në depresion klinik. Sigurisht, ai e dinte këtë më mirë se kushdo tjetër. Megjithatë, ai duhej ta detyronte veten të bëhej fizikisht aktiv, pavarësisht se nuk donte ta bënte këtë. Ndërsa filloi të rriste aktivitetin e tij fizik dhe të merrej me punë, ai ndihej gjithnjë e më mirë derisa u shërua plotësisht.

Historia e David Kent tregon se stërvitja e rregullt përmirëson jo vetëm mirëqenien tuaj fizike, por edhe disponimin tuaj. Studimet kanë treguar se stërvitja mund të trajtojë depresionin e butë deri në mesatar po aq efektivisht sa edhe antidepresivët. Në një studim, Xhejms Blumenthal, një psikolog klinik në Universitetin Duke, caktoi të rriturit e ulur me çrregullime të mëdha depresive në një nga katër grupet: ushtrime të mbikëqyrura, ushtrime të bazuara në shtëpi, terapi kundër depresionit ose një pilulë placebo. Pas katër muajsh, Blumenthal zbuloi se pacientët në grupin e ushtrimeve dhe antidepresivëve kishin shkallën më të lartë të faljes. Në përfundimet e tij, ai deklaroi se ushtrimet kanë pak a shumë të njëjtin efekt si antidepresivët.

Kur ai ndoqi të njëjtët pacientë një vit më vonë, Blumenthal zbuloi se njerëzit që ende ushtroheshin rregullisht kishin rezultate më të ulëta të depresionit sesa njerëzit që ushtroheshin vetëm në mënyrë sporadike. Ushtrimi duket se jo vetëm ndihmon në trajtimin e depresionit, por edhe parandalon rikthimin. Pra, kur bëhet fjalë për zotërimin e emocioneve tuaja, sigurohuni që stërvitja të jetë pjesë e kutisë suaj të veglave.

Për fat të mirë, nuk keni nevojë të vraponi dhjetë milje në ditë për të korrur përfitimet e ushtrimeve. Thjesht ecja për tridhjetë minuta, pesë ditë në javë mund të bëjë mrekulli. Sipas kërkimeve botuar në PLoS Medicine, dy orë e gjysmë ushtrime të moderuara në javë mund të shtojnë tre vjet e çerek jetëgjatësinë tuaj. Një tjetër studim i pesë mijë njerëzve në Danimarkë, tregoi se individët që ushtroheshin rregullisht jetonin pesë deri në shtatë vjet më shumë se homologët e ulur.

Sa i përket përfitimeve të ushtrimeve në humor, ato janë të menjëhershme dhe afatgjata. Profesori i psikologjisë, Michael Otto, thotë se ju zakonisht keni një efekt të përmirësimit të humorit brenda pesë minutave pas pjesëmarrjes në ushtrime të moderuara. Dhe, siç e kemi parë sapo, stërvitja e rregullt përmirëson shëndetin tuaj mendor afatgjatë dhe mund të jetë po aq efektiv sa ilaqet kundër depresionit.

Po ju? Çfarë aktiviteti do të ndërmerrni për të përmirësuar shëndetin tuaj mendor dhe fizik?

6

PËRDORIMI I MENDIMEVE TUAJA PËR TË NDIKUR NË TUAJ

EMOCIONET

Ju bëheni ajo për të cilën mendoni gjatë gjithë ditës.

- RALPH WALDO EMERSON, ESEIST DHE POET.

Mendimet tuaja përcaktojnë se kush jeni dhe krijojnë realitetin tuaj. Kjo është arsyeja pse ju duhet t'i kanalizoni mendimet tuaja drejt asaj që dëshironi, jo asaj që nuk dëshironi. Siç thotë eksperti i suksesit Brian Tracy, "Çelësi i suksesit është të përqendrojmë mendjen tonë të ndërgjegjshme në gjërat që dëshirojmë, jo ato që kemi frikë".

Përfitimet e meditimit

Në budizëm, mendja shpesh përmendet si "mendja e majmunit", sepse, budistët besojnë se mendimet njerëzore janë të ngjashme me një majmun që lëkundet pa pushim nëpër pemë. Ata janë kudo dhe duket se nuk ndalen kurrë. Meditimi ndihmon në zbutjen e majmunit dhe shërimin e tij nga shqetësimi. Ndërsa meditoni, bëheni të vetëdijshëm për rrjedhën e pandërprerë të mendimeve që shfaqen në mendjen tuaj. Me praktikë, ju mësoni të distancoheni nga mendimet, duke zvogëluar fuqinë dhe ndikimin e tyre. Si rezultat, do të përjetoni më pak emocione negative dhe do të ndiheni më të qetë.

Përfitimet e vizualizimit

A e dini se nënndërgjegjja juaj nuk mund t'i dallojë qartë përvojat e vërteta nga ato 'të rreme'? Kjo do të thotë që ju mund ta mashtroni mendjen tuaj duke simuluar përvojat e dëshiruara përmes vizualizimit. Sa më shumë detaje të vizualizoni, aq më shumë truri juaj do ta interpretojë përvojën si reale.

Duke përdorur vizualizimin për të shkaktuar ndjenja pozitive si mirënjohje, eksitim ose gëzim, ju mund ta kushtëzoni mendjen tuaj që të përjetojë më shumë emocione pozitive, siç do ta shohim më në thellësi në seksionin "Kushtëzimi i mendjes suaj".

7

PËRDORIMI I FJALËVE PËR TË NDIKUAR NË EMOCIONET TUAJA

Fjalët tuaja kanë më shumë ndikim në mendimet dhe sjelljet tuaja sesa mund ta kuptoni. Për shkak se mendimet, fjalët dhe sjelljet tuaja janë të gjitha të ndërlidhura, ato ndikojnë njëra-tjetrën. Për shembull, kur ju mungon besimi, përdorni disa fjalë të tilla si "Unë do të përpiqem", "Shpresoj" ose "Uroj".). Anasjelltas, përdorimi i fjalëve specifike mund t'ju bëjë të ndiheni më pak të sigurt. Kjo gjithashtu do të thotë që ju mund të rrisni besimin tuaj duke përdorur disa fjalë të tilla si "Unë do". Për shembull, duke thënë "Unë do të ndryshoj karrierë" ose "Unë do ta përfundoj këtë projekt deri në fund të këtij muaji", do t'ju bëjë të ndiheni më të sigurt sesa të thoni, "Shpresoj se mund të ndryshoj karrierë" ose "Do të përpiqem për të përfunduar këtë projekt deri në fund të këtij muaji."

Për të rritur besimin tuaj, zëvendësoni fjalët që tregojnë vetë-dyshim me fjalë që shfaqin besim, siç tregohet më poshtë.

Fjalët që duhen shmangur:

Do/mund/duhet/mund
Provoj / shpresoj / uroj
Ndoshta/mbase
Nëse gjithçka është në rregull
Nëse gjithçka shkon mirë

Fjalët që duhet të përdoren në vend të tyre:

unë do të
Absolutisht
Patjetër
Sigurisht
Natyrisht
Pa dyshim
Nuk ka problem

Fuqia e pohimeve pozitive

Pohimet pozitive janë fjali që ju i përsëritni vetes rregullisht derisa mendja juaj nënndërgjegjeshëm t'i pranojë ato si të verteta. Me kalimin e kohës ato ju ndihmojnë të kushtëzoni mendjen tuaj për të përjetuar emocione pozitive si besimi ose mirënjohja. Për më shumë informacion se si të kushtëzoni mendjen tuaj, referojuni seksionit "Kushtëzimi i mendjes suaj".

Si të përdorni pohimin pozitiv

Përdorni kohën e tashme dhe jo të ardhmen, ("Unë jam" jo "Unë do"). Shmangni format negative si "Unë nuk jam i turpshëm". Në vend të kësaj, përdorni "Unë jam i sigurt".

Përsëriteni fjalinë përsëri dhe përsëri për pesë minuta. Bëjeni çdo ditë pa përjashtim për një muaj, dhe mundësisht më gjatë.

Përdorni vizualizimin në të njëjtën kohë dhe përfshini emocionet tuaja.

Disa shembuj të pohimeve të fuqishme:

Më pëlqen të jem i sigurt.

Unë jam i pavarur nga mendimet e mira ose të këqija të të tjerëve.

Unë nuk jam poshtë askujt dhe askush nuk është poshtë meje.

Unë të dua .... (shto emrin tënd dhe thuaje ndërsa shikon veten në sy në pasqyrë, p.sh. "Të dua, Tibo". (E çuditshme, apo jo?)

Falemnderit.

Ushtrimi

· Përdorni pohim pozitiv për pesë minuta çdo ditë.

· Vini re fjalët që tregojnë mungesë përkushtimi, besimi ose këmbënguljeje. Shfletoni emailet tuaja përpara se t'i dërgoni dhe hiqni fraza të tilla si: "Do të përpiqem", "Unë duhet", "Shpresoj", etj. Zëvendësojini ato me, "Unë do" ose diçka po aq bindëse. Për tre javët e ardhshme, sfidoni veten që të shmangni përdorimin e fjalëve që tregojnë mungesë besimi.

Këshillë shtesë:

Trajneri i jetës me famë botërore, Tony Robbins, ka përdorur atë që ai e quan "magjepsje" për dekada përpara se të takonte një klient ose të mbante një seminar. Ai përdor trupin e tij dhe disa fraza për ta vendosur veten në gjendjen e duhur dhe për të arritur një nivel sigurie absolute. Ndërsa kryeni pohimet tuaja, përpiquni të angazhoni edhe trupin tuaj. Mbani mend, fjalët dhe trupi juaj ndikojnë në emocionet tuaja.

8
SI NDIKON FRYMËMARRJA NË EMOCIONET TUAJA

Mund të qëndroni pa ushqim ose të flini për ditë të tëra, por nuk mund të mbijetoni pas disa minutash pa oksigjen. Ndërsa frymëmarrja duhet të ndodhë natyrshëm, e vërteta është se shumë njerëz nuk dinë të marrin frymë siç duhet. Si rezultat, ata nuk gjenerojnë aq energji sa munden. Këta individë lodhen më lehtë se të tjerët, gjë që ndikon në disponimin e tyre dhe i bën ata më të prirur për të përjetuar emocione negative.

Frymëmarrja e duhur ju sjell përfitime në mënyra të ndryshme. Ngadalësimi i frymëmarrjes tuaj ndihmon në uljen e ankthit. Në Breathwalk: Breathing Way Your Way për një trup, mendje dhe shpirt të rigjallëruar, Gurucharan Singh Khalsa dhe Yogi Bahjan përmendën përfitimet e mëposhtme nga frymëmarrja e ngadaltë:

Tetë cikle frymëmarrjeje në minutë: Lehtësim nga stresi dhe rritje e ndërgjegjësimit.

Katër cikle frymëmarrjeje në minutë: Ndjenja të forta të vetëdijes, qartësi e shtuar vizuale, rrit ndjeshmërinë trupore.

Një cikël frymëmarrjeje në minutë: Bashkëpunimi i optimizuar midis hemisferave të trurit, qetësimi dramatik i ankthit, frikës dhe shqetësimit.

Frymëmarrja e shpejtë si Fryma e Zjarrit, ju lejon të çlironi stresin, të jeni më vigjilentë dhe të keni më shumë energji krahas përfitimeve të tjera.

9

SI NDIKON MJEDISI JUAJ TE EMOCIONET

Mjedisi juaj gjithashtu ndikon në mënyrën se si ndiheni. Me mjedisin, dua të them se gjithçka rreth jush mund të ndikojë tek ju në një farë mënyre. Mund të jenë njerëz me të cilët shoqëroheni, shfaqje televizive që shikoni ose vendi ku jetoni. Për shembull, të afërmit negativë mund t'ju tërheqin poshtë, ndërsa një tavolinë e çrregullt mund të jetë demotivuese.

Kam vënë re se kur ndihem i demotivuar, rëndimi i tavolinës sime, pastrimi i dhomës ose riorganizimi i skedarëve në kompjuterin tim shpesh më jep një nxitje të motivimit.

Për më shumë se si mund ta përdorni mjedisin tuaj për të ndryshuar emocionet tuaja, shihni seksionin "Ndryshimi i mjedisit tuaj".

10

SI NDIKON MUZIKA NË EMOCIONET TUAJA

Të gjithë e dimë se muzika ndikon në gjendjen tonë. Kush nuk e ka dëgjuar këngën e Rocky-t gjatë stërvitjes? Për shembull, muzika:

Ju ndihmon të relaksoheni kur jeni të lodhur.
Ju motivon kur jeni në rënie
Ju ndihmon të këmbëngulni kur jeni në palestër
Ju ndihmon të keni ndjenjat e mirënjohjes dhe t'ju vendosë në një gjendje humori pozitiv.

Disa studime kanë treguar se dëgjimi i muzikës pozitive mund t'i ndihmojë njerëzit të rrisin disponimin e tyre. Ne një studim kryer në vitin 2012, pjesëmarrësit raportuan humor më të lartë pozitiv pasi dëgjuan një këngë pozitive për vetëm dymbëdhjetë minuta, pesë herë, gjatë një periudhe dyjavore. Interesante, funksionoi vetëm me pjesëmarrësit të cilëve iu tha të bënin përpjekje për të rritur disponimin e tyre. Pjesëmarrësit e tjerë nuk raportuan një përmirësim të tillë të humorit.

Një tjetër studim të kryer në vitin 2014 tregoi se muzika mund të ndihmojë në reduktimin e humorit negativ dhe në rritjen e vetëbesimit, siç tregohet më poshtë:

Konkretisht, rezultatet më domethënëse të ndërhyrjeve muzikore në anën psikologjike mund të identifikohen në aspektet që lidhen më ngushtë me gjendjen shpirtërore, veçanërisht në reduktimin e komponentit depresiv dhe ankthit, dhe në përmirësimin e shprehjes emocionale, aftësive komunikuese dhe ndër-personale, vetëvlerësimit dhe cilësisë së jetës.
Valeri N. Stratton, Ph.D. dhe Annette H. Zalanovski, nga Universiteti Penn State, gjithashtu studiuan efektin e muzikës në humor. Ata u kërkuan studentëve të tyre të mbanin ditarë muzikorë për dy javë. Stratton arriti në përfundimin se:
Jo vetëm që grupi ynë i studentëve raportoi më shumë emocione pozitive pas dëgjimit të muzikës, por emocionet e tyre

tashmë pozitive u intensifikuan duke dëgjuar muzikë.

Është interesante se zhanri i muzikës dhe konteksti në të cilin studentët dëgjuan muzikën nuk ndikuan në rezultatin. Humori i studentëve u përmirësua nëse dëgjonin muzikë rock ose klasike, ose nëse ishin në shtëpi, duke vozitur ose duke u shoqëruar.

Përdorimi i muzikës për të rregulluar mendjen tuaj

Ju mund të shkoni një hap më tej dhe të përdorni fuqinë e muzikës për të rregulluar mendjen tuaj duke krijuar lista dëgjimi të përshtatura për nevojat tuaja emocionale. Ndërtimi i listave për luajtje kërkon kohë, por ia vlen përpjekja. Atleti dhe trajneri i qëndrueshmërisë i klasit botëror, Kristofer Bergland, përdor muzikën për ta ndihmuar atë të qëndrojë i motivuar dhe të performojë në maksimumin e tij. Kështu shkruan ai në një artikull të botuar në Psikologjia sot:
Si atlet, kam zhvilluar një mentalitet ideal për performancën maksimale dhe kam përdorur një arsenal këngësh të testuara me

kohë për të forcuar këtë alter ego dhe gjendje të pathyeshme mendore. Gjatë stërvitjes dhe garave të mia u bë e qartë se edhe në kushte moti vërtet të tmerrshme, ose kur vuajtja fizikisht, mund të përdorja muzikën (dhe imagjinatën time) për të krijuar një univers paralel që kishte pak të bënte me realitetin. Kam përdorur muzikën për të qëndruar optimist dhe për ta parë gotën gjysmë të mbushur përgjithmonë ndërsa bëja gara ultra-qëndrueshmërie. Ju mund ta përdorni muzikën si një mjet kur punoni ose në jetën tuaj të përditshme në të njëjtën mënyrë.

Kristoferit gjithashtu i pëlqen të dëgjojë këngë specifike para një interviste të madhe ose kur bën një fjalim publik. Personalisht më pëlqen të dëgjoj këngë që më bëjnë të ndihem mirënjohës. Po ju? Si mund ta përdorni muzikën për të përmirësuar disponimin tuaj?

Ushtrimi - Eksperimentoni me lloje të ndryshme muzike.

Eksperimentoni me lloje të ndryshme muzike dhe shikoni se si mund t'i përdorni ato për të rritur disponimin tuaj. Për shembull, mund të përdorni muzikën për t'ju ndihmuar të meditoni, të stërviteni ose të bëni detyrat e shtëpisë. Ndërsa e bëni këtë, mbani në mend pikat e mëposhtme:

Të gjithë janë të ndryshëm: mos dëgjo një këngë se është e njohur. Dëgjojeni sepse ju bën të ndiheni ashtu siç dëshironi të ndiheni. Të gjithë kemi shije të ndryshme muzikore. E vetmja gjë që ka rëndësi është se si ndiheni kur dëgjoni muzikë.

Vazhdoni të eksperimentoni: Dëgjoni lloje të ndryshme muzike dhe shikoni se si ju bëjnë të ndiheni. Jeni i frymëzuar? E motivuar? E lumtur? Të relaksuar? Filloni të krijoni lista për luajtje për disponime specifike që dëshironi të përjetoni.

PJESA III

SI TË NDRYSHONI EMOCIONET TUAJA

Mendja kërkon gjithmonë të mohojë Tanimën dhe të shpëtojë prej saj. Me fjalë të tjera, sa më shumë të identifikoheni me mendjen tuaj, aq më shumë vuani. Ose mund ta thuash kështu: sa më shumë të jesh në gjendje të nderosh dhe të pranosh Tanimën, aq më shumë je i lirë nga dhimbja, nga vuajtja dhe nga mendja egoike.

- ECKHART TOLLE, PUSHTETI I TË TASHMES.

Në këtë seksion, ne do të shqyrtojmë se si mund të përballeni me emocionet negative dhe të kushtëzoni mendjen tuaj që të përjetojë ato më pozitive.

Së pari, ne do të diskutojmë se si formohen emocionet. Më pas, ne do të diskutojmë përfitimet e të menduarit pozitiv dhe si ta përdorim atë për të kushtëzuar mendjen tuaj. Pas kësaj, do të shohim pse të menduarit pozitiv nuk është i mjaftueshëm dhe çfarë tjetër mund të bëni për të përballuar emocionet negative. Më konkretisht, do të mësoni:

Si të hiqni dorë nga emocionet tuaja
Si ta ndryshoni historinë tuaj dhe të krijoni një histori më fuqizuese.
Si ta kushtëzoni mendjen tuaj
Si të përdorni sjelljet tuaja për të ndryshuar emocionet tuaja, dhe
Si të modifikoni mjedisin tuaj për të reduktuar emocionet negative.

Së fundi, do të ndaj me ju një listë të strategjive afatshkurtra dhe afatgjata që mund të përdorni për të përballuar më mirë emocionet negative.

Le të fillojmë.

11

SI FORMOHEN EMOCIONET

Kur një mendim shfaqet në kanavacën e mendjes tuaj, nëse nuk e lëshoni atë, ndjekja e tij ose do të marrë formën e një dëshire ose një emocioni, pozitiv ose negativ..

- OM SWAMI, NJË MILION MENDIME.

Pak njerëz e dinë se si formohen emocionet. Ndërkohë që i përjetojmë ato gjatë gjithë ditës, rrallë – nëse ndonjëherë – marrim kohë për të kuptuar pse po ndjejmë disa emocione dhe si erdhën në ekzistencë.

Së pari, le të dallojmë dy lloje të emocioneve negative. Lloji i parë janë emocionet negative që përjetoni spontanisht. Këto janë emocionet që ju mbajnë gjallë, siç është frika që paraardhësit tanë ndien kur takuan një tigër me dhëmbë saber.

Lloji i dytë i emocioneve negative janë ato që krijoni në mendjen tuaj duke u identifikuar me mendimet tuaja. Këto emocione nuk janë domosdoshmërisht të shkaktuara nga ngjarje të jashtme - edhe pse ato mund të jenë. Këto emocione kanë tendencë të zgjasin më shumë se lloji i parë. Ja se si funksionojnë:

Lind një mendim i rastësishëm. Ju identifikoheni me atë mendim. Ky identifikim krijon një reagim emocional. Ndërsa vazhdoni të identifikoheni me atë mendim, emocioni i lidhur forcohet derisa të bëhet një emocion thelbësor. Le të shohim disa shembuj:

Ju keni probleme me paratë dhe sa herë që mendja juaj vjen me mendime të lidhura me paratë, identifikoheni me to. Si rezultat, shqetësimi juaj për paratë intensifikohet.

Ju u grindët me shokun tuaj dhe u grindët me të. Ju nuk mund të ndaloni së riprodhuari skenën në mendjen tuaj. Si rezultat, kanë kaluar muaj dhe ju ende nuk keni telefonuar për t'u rregulluar me shokun tuaj.

Keni bërë një gabim në punë dhe keni turp për veten tuaj. Ju vazhdoni të rishikoni të njëjtin mendim pa pushim. Si rezultat, ndjenjat tuaja të pamjaftueshmërisë bëhen më të forta.

Tendenca juaj për t'u identifikuar me mendime negative në mënyrë të përsëritur është ajo që i lejon ata të bëhen më të fortë. Sa më shumë të përqendroheni në sfidat tuaja financiare, aq më lehtë do të jetë që mendimet e lidhura të lindin në të ardhmen. Sa më shumë ta riprodhoni argumentin me shokun tuaj në kokë, aq më të forta do të rriten ndjenjat e pakënaqësisë. Në mënyrë të ngjashme, ndërsa vazhdoni të mendoni për gabimin që keni bërë në punë, ju shkaktoni ndjenja turpi dhe e intensifikoni situatën. Çështja është se kur u jep hapësirë mendimeve për të ekzistuar, ato përhapen dhe bëhen pika kryesore e fokusit.

Ky proces i thjeshtë identifikimi lejon që mendimet në dukje jofyese të marrin kontrollin e mendjes suaj. Ky identifikim me mendimet tuaja, dhe më e rëndësishmja, mënyra sesi zgjidhni t'i interpretoni ato, krijon vuajtje në jetën tuaj.

Tani, le të shohim më në detaje se si formohen emocionet tuaja. Kjo do t'ju ndihmojë të përballeni më mirë me emocionet negative, duke lejuar që emocionet pozitive të rriten. Këtu është një formulë për të shpjeguar se si formohen emocionet:

Interpretim + identifikim + përsëritje = emocion i fortë

Interpretimi: është kur interpretoni një ngjarje ose një mendim bazuar në historinë tuaj personale.

Identifikimi: është kur identifikoheni me një mendim specifik kur ai lind.

Përsëritje: ka të njëjtat mendime pa pushim. Emocioni i fortë: është kur përjetoni një emocion kaq shumë herë ai është bërë pjesë e identitetit tuaj. Më pas ju e përjetoni atë emocion sa herë që një mendim apo ngjarje e lidhur e shkakton atë.

Së bashku, interpretimi, identifikimi dhe përsëritja i japin hapësirë emocioneve të rriten. Në të kundërt, sa herë që hiqni një nga këta elementë nga ekuacioni, këto emocione fillojnë të humbasin fuqinë e tyre mbi ju.

Për ta përmbledhur, që një emocion të rritet në intensitet dhe kohëzgjatje, së pari duhet të interpretoni një ngjarje ose një mendim, më pas, duhet të identifikoheni me atë mendim kur lind, më në fund, duhet të përsërisni të njëjtat mendime përsëri dhe përsëri - dhe të identifikoni me të.

Tani, le të diskutojmë më në thellësi çdo komponent të formulës.

1. Interpretimi

Interpretimi+ identifikim + përsëritje = emocion i fortë

Emocionet negative vijnë gjithmonë nga interpretimi juaj i ngjarjeve. Kjo është arsyeja pse dy njerëz të ndryshëm mund të reagojnë ndaj së njëjtës ngjarje në mënyra të ndryshme. Njëri mund të jetë i shkatërruar, ndërsa tjetri mund të jetë i paprekur.

Për shembull, për një fermer shiu mund të ishte një bekim, por për dikë që shkon në një piknik do të shihej si një mallkim. Kjo për shkak të kuptimit që i japin ngjarjes. Me pak fjalë, që të lindin emocione negative, duhet të shtoni interpretimin tuaj në një ngjarje specifike. Ngjarja në vetvete nuk mund të shkaktojë emocione negative pa pëlqimin tuaj.

Pra, pse vazhdoni të përjetoni emocione negative? Unë besoj se kjo është për shkak se realiteti nuk arrin të përmbushë pritjet tuaja.

Ju dëshironi që realiteti të jetë në një mënyrë, por rezulton të jetë një tjetër.

Ju shkoni në një piknik dhe dëshironi që moti të jetë i mirë, por bie shi.

Ju dëshironi një promovim në punë, por nuk e merrni atë.

Ju dëshironi të fitoni para me biznesin tuaj anësor, por nuk po funksionon.

Interpretimi juaj i realitetit krijon vuajtje në jetën tuaj. Realiteti në vetvete nuk mund të jetë kurrë shqetësues. Kjo vlen të përsëritet. Ne do të diskutojmë në thellësi se si mund ta ndryshoni interpretimin tuaj në seksionin tjetër me titull "Të ndryshosh historinë tënde".

2. Identifikimi

Interpretim + identifikim + përsëritje = emocion i fortë

Tani, le të përqendrohemi në pjesën e dytë të formulës: identifikimi.

Që një emocion të mbijetojë afatgjatë, duhet të ketë një proces identifikimi. Emocionet nuk mund të vazhdojnë nëse nuk u kushtoni vëmendjen tuaj. Sa më shumë të përqendroheni në emocionet tuaja - dhe të identifikoheni me to - aq më të fuqishme bëhen ato.

Njerëzit shpesh ndiejnë dëshirën për t'u identifikuar me emocionet e tyre dhe e gjejnë veten të paaftë për t'u shkëputur prej tyre. Ata nuk arrijnë të kuptojnë një nga të vërtetat më të rëndësishme në këtë botë: ju nuk jeni emocionet tuaja. Emocionet tuaja do të vijnë dhe do të ikin.

Pra, kur e kapni veten duke thënë: "Jam i trishtuar", mbani mend se nuk jeni të saktë. Askush nuk ka qenë ndonjëherë i trishtuar, sepse emocionet tuaja nuk janë ata që jeni. Ata mund të duken se jeni ju, por së shpejti do të zhduken, si retë në qiell. Mendojeni veten si diell dhe dielli është gjithmonë aty, pavarësisht nëse e perceptoni apo jo - pavarësisht nëse është i fshehur nga reja apo jo.

Ju nuk jeni emocionet tuaja. Ju nuk jeni të trishtuar, ju thjesht përjetoni ndjenja që mund t'i quani 'trishtim' në një moment të caktuar kohor. Kjo është një pikë e rëndësishme. Unë shpresoj se ju mund të shihni ndryshimin.

Një mënyrë tjetër për të parë emocionet tuaja është si rrobat që vishni. Çfarë veshje emocionale keni veshur tani? A janë rrobat e eksitimit? Depresioni? Trishtim? Mbani në mend, nesër ose një javë nga tani, ka të ngjarë të vishni rroba të ndryshme.

Sa kohë i vishni rrobat tuaja (emocionet tuaja) varet nga sa shumë i doni ato (dmth sa shumë jeni të lidhur me emocionet tuaja). Një emocion në vetvete është i pafuqishëm. Ajo që i jep fuqi është identifikimi juaj i vetëdijshëm ose i pavetëdijshëm me të. Kjo është arsyeja pse një emocion që nuk i kushtohet vëmendje përfundimisht do të zhduket. Provoni ushtrimin e mëposhtëm:

Sa herë që jeni të zemëruar, merreni me çdo aktivitet që kërkon vëmendjen tuaj të plotë. Do të shihni që zemërimi juaj do të zhduket shpejt. Anasjelltas, vazhdoni të qëndroni në ndjenjat e zemërimit dhe do ta shihni atë të rritet derisa të bëhet një nga gjendjet tuaja kryesore emocionale.

3. Përsëritje

Interpretim + identifikim + përsëritje = emocion i fortë

Ne kemi parë se mënyra se si interpretoni një ngjarje ose një mendim përcakton se si ndiheni. Ne gjithashtu e dimë se, ndërsa identifikoheni me mendimet ose ndjenjat tuaja, ato bëhen emocione. Tani, nëse vazhdoni ta përsërisni atë proces, do ta kushtëzoni mendjen tuaj të përjetojë këto emocione specifike (pozitive ose negative).

Për shembull, nëse përqendroni vëmendjen tuaj në atë që (besoni) se shoku juaj ju ka bërë, ndjenjat e pakënaqësisë do të rriten. Si rezultat, ju mund të mbani inat për muaj të tërë. Njerëzit shpesh e bëjnë këtë. Ata humbasin kohë duke u mbajtur pas emocioneve negative që nuk shërbejnë për asnjë qëllim vetëm sepse nuk mund t'i lënë të shkojnë.

Në të kundërt, nëse shkëputeni nga mendimet tuaja të pakënaqësisë dhe thjesht i vëzhgoni ato, me kalimin e kohës ata do të humbasin fuqinë dhe pakënaqësia e lidhur do të zbehet. Në fakt, nëse do të kishit hequr dorë nga mendimi i pakënaqësisë menjëherë pasi u ngrit, ndjenjat tuaja të pakënaqësisë do të ishin zhdukur pothuajse menjëherë. Ne do të shohim se si mund t'i lëshoni emocionet tuaja në seksionin "Lëshimi i emocioneve".

12

NDRYSHIMI I INTERPRETIMIT TUAJ

Pamja e një thertoreje mund të shkaktojë një emocion negativ tek ju, ndërsa mund të jetë pozitiv për pronarin e biznesit dhe i natyrshëm për shoferin e makinës. E gjitha varet nga mënyra se si jeni i kushtëzuar.

- OM SWAMI, NJË MILION MENDIME.

Në vetvete, një ngjarje ose një mendim nuk ka fuqi të ndryshojë gjendjen tuaj emocionale. Ajo që gjeneron emocione është mënyra se si ju zgjidhni për të interpretuar ngjarjen ose mendimin. Kjo është arsyeja pse dy njerëz mund të reagojnë ndryshe në të njëjtën situatë. Njëri do të shohë një problem dhe do të fajësojë rrethanat e jashtme, ndërsa tjetri do të shohë një mundësi për t'u përqafuar. Njëri do të ngecë, tjetri do të rritet.

Mënyra se si i interpretoni ngjarjet është e lidhur ngushtë me supozimet e përgjithshme që mbani për jetën. Si i tillë, është thelbësore që së pari të thellohemi në supozimet themelore që çojnë në këto interpretime.

Eksplorimi i supozimeve tuaja

Për të hyrë në një gjendje të caktuar emocionale, keni bërë supozime të caktuara në lidhje me atë se si duhet të jenë gjërat. Këto supozime përbëjnë realitetin tuaj subjektiv. Për shkak se jeni të bindur se ato janë të verteta, nuk i vini në dyshim.

Më poshtë janë disa shembuj të supozimeve që mund të keni:

Problemet duhet të shmangen

Ky është një problem

Unë duhet të jem i shëndetshëm

Do të jetoj të paktën deri në moshën shtatëdhjetë vjeçare

Duhet të martohem

Ankesa është normale

Nuk ka asgjë të keqe të ndalem në të kaluarën, më duhet të shqetësohem për të ardhmen dhe/ose

Unë nuk mund të jem i lumtur nëse ose derisa *futni përgjigjen tuaj këtu*.

Tani, le të shohim secilin prej këtyre supozimeve:

Problemet duhet të shmangen: Shumë njerëz duan të heqin qafe problemet e tyre. Por çfarë nëse nuk mundeni dhe çfarë nëse nuk keni nevojë? Sigurisht, disa njerëz kanë probleme 'më të mira' se të tjerët, por të gjithë kanë probleme. Po sikur supozimi se nuk duhet të keni ndonjë problem është i gabuar? Po sikur të keni nevojë të mësoni se si të kërceni në shi dhe të shfrytëzoni sa më shumë problemet tuaja? Po sikur problemet të jenë thjesht sfida për t'u kapërcyer - dhe pjesë e jetës.

Ky është një problem: Po sikur kjo gjë që ju e etiketoni si problem në të vërtetë nuk është problem? Po sikur të mos ketë rëndësi aq sa mendoni? Po sikur të jetë një mundësi e maskuar? Dhe si mund ta bësh atë kështu?

Unë duhet të jem i shëndetshëm: Ne priremi ta marrim shëndetin tonë si të mirëqenë, por nuk mund të garantojmë se nuk do të sëmuremi nesër. Po sikur shëndeti juaj të jetë një bekim dhe jo domosdoshmërisht pozicioni i paracaktuar? A nuk do t'ju bënte kjo të mendoni për shëndetin tuaj në një mënyrë tjetër?

Unë do të jetoj të paktën deri në të shtatëdhjetat: Ju ndoshta supozoni se do të jetoni një jetë të gjatë, por çka nëse nuk është kështu? A nuk është të jetosh një jetë të gjatë një bekim dhe jo diçka që duhet ta marrësh si të mirëqenë? Fatkeqësisht, disa njerëz vdesin të rinj, por kjo është natyra e realitetit. Njerëzit thonë: "Ai vdiq shumë i ri", por a është e saktë kjo? Nuk është më e saktë të thuhet se ai sapo vdiq. As shumë i ri dhe as shumë i vjetër.

Duhet të martohem. Ndoshta ndoshta jo. Ky është vetëm interpretimi juaj. "Duhet" në përgjithësi janë gjëra që shoqëria ose prindërit tuaj presin që t'i bëni, por kjo nuk do të thotë se duhet të jetë kështu. Këto janë shpesh norma kulturore ose sjellje të kushtëzuara.

Ankesa është normale: Shumica e ankesave është një lojë e egos dhe nuk është konstruktive. Nuk ju ndihmon dhe nuk ndryshon asgjë. E vetmja gjë që bën është të forcojë egon tuaj dhe të ofendojë njerëzit. Mundohuni të kaloni një javë të tërë pa u ankuar dhe shikoni se çfarë ndodh.

Nuk ka asgjë të keqe të qëndrosh në të kaluarën: Ju ndoshta shpenzoni (shumë) kohë duke u ndalur në të kaluarën. Të gjithë bëjnë. Por a e kuptoni se e kaluara ekziston vetëm në mendjen tuaj? Dhe a e kuptoni se nuk mund ta ndryshoni atë pavarësisht se çfarë bëni? Të mësosh nga e kaluara është e dobishme, por të ndalesh në të jo.

Më duhet të shqetësohem për të ardhmen: Shqetësimi për të ardhmen është i pashmangshëm në një farë mase, por nuk ndihmon. Në vend të kësaj, duhet të bëni më të mirën që mundeni në të tashmen për të shmangur problemet e ardhshme.

Nuk mund të jem i lumtur nëse nuk vendosni përgjigjen tuaj:Ju nuk keni nevojë të keni jetën perfekte për të qenë të lumtur. Lumturia është një zgjedhje që duhet ta bëni çdo ditë. Duhet ta praktikoni pasi, siç e kemi parë më parë, faktorët e jashtëm nuk do të ndikojnë ndjeshëm në lumturinë tuaj.

Këto janë vetëm disa shembuj të supozimeve që mund të mbani. Qëllimi im këtu është t'ju tregoj se interpretimet tuaja - dhe emocionet e krijuara prej tyre - janë kryesisht rezultat i supozimeve që mbani për botën. Kështu, për të përjetuar më shumë emocione pozitive, është e rëndësishme të kaloni kohë duke rishikuar supozimet tuaja.

Duke analizuar interpretimet tuaja

Siç e kemi parë tashmë, ju interpretoni ngjarjet bazuar në supozimet tuaja. Tani, më poshtë janë disa pyetje për t'ju ndihmuar të kuptoni se çfarë dua të them me interpretime.

· *A mendoni se gjithçka ndodh për një arsye dhe e përqafoni atë, apo luani viktimën?*
· *A besoni se pengesat e përkohshme janë vetëm piketa që do t'ju çojnë të keni sukses, apo*
· *A hiqni dorë kur hasni pengesën tuaj të parë të madhe?*
· *A përpiqeni të ndryshoni gjëra që nuk mund të ndryshohen, apo i pranoni ato?*
· *A besoni se jeni këtu për një arsye, apo*
· *A endeni nëpër jetë pa ndonjë qëllim të qartë?*
· *A besoni se problemet janë të këqija dhe duhen shmangur, apo besoni se ato janë një pjesë e domosdoshme e jetës?*

Mos harroni, ajo që i dallon njerëzit që jetojnë një jetë të lumtur nga njerëzit që janë të mjerë është shpesh mënyra se si ata zgjedhin të interpretojnë jetën e tyre.

13

LËNIA E LIRË E EMOCIONEVE TUAJA

Emocionet janë thjesht emocione. Ata nuk jeni ju, nuk janë fakte dhe ju mund t'i lini të shkojnë.

- HEIL DUORKIN, METODA SEDONA.

Siç e kemi parë, interpretimi, identifikimi dhe përsëritja mund të çojnë në krijimin e emocioneve të forta. Në këtë seksion, ne do të shohim se çfarë mund të bëni për të filluar të hiqni dorë nga emocionet që nuk ju ndihmojnë të arrini jetën që dëshironi.

Emocionet janë energji në lëvizje, por çfarë ndodh kur e pengoni energjinë të lëvizë? Ajo grumbullohet. Kur shtypni emocionet tuaja, ju ndërprisni rrjedhën natyrale të energjisë.

Mjerisht, askush nuk ju mësoi se si të merreni me emocionet tuaja apo edhe që të dyja, emocionet pozitive dhe negative, janë një fenomen natyror. Në vend të kësaj, ata ju thanë se emocionet tuaja negative duhet të shtypen sepse janë të këqija.

Si rezultat, ju mund të keni shtypur emocionet tuaja për vite me rradhë. Duke vepruar kështu, ju i lini të zhyten më thellë në nënndërgjegjen tuaj, duke i lejuar ata të bëhen pjesë e identitetit tuaj. Ata shpesh janë bërë modele për të cilat mund të mos jeni në dijeni. Për shembull, ndoshta, ju mendoni se nuk jeni mjaftueshëm të mirë.

Ose ndoshta ju përjetoni faje rregullisht. Këto janë rezultatet e besimeve thelbësore që keni zhvilluar me kalimin e kohës duke shtypur emocionet tuaja.

Shumica prej nesh kanë shumë bagazh emocional dhe duhet të mësojnë ta heqin dorë nga kjo. Ne duhet të rrënojmë nënndërgjegjen tonë dhe të heqim qafe emocionet negative që na pengojnë ta shijojmë jetën në maksimum.

Fakti është se nënndërgjegjja juaj tashmë është programuar për t'ju ndihmuar të përballeni me jetën. Nënndërgjegjja juaj siguron që ju të mos harroni aksidentalisht të merrni frymë, mban zemrën tuaj të rrahë dhe rregullon temperaturën e trupit midis miliona gjërave të tjera. Nuk ka nevojë për besime shtesë për të funksionuar mirë. As nuk ka nevojë për të 'ruajtur' emocionet.

Nëse jeni si shumica e njerëzve, pjesën më të madhe të kohës e kaloni duke jetuar në kokën tuaj. Si rezultat, ju jeni kryesisht jashtë kontaktit me emocionet tuaja. Për të filluar të largoheni nga emocionet tuaja, së pari duhet të ndërgjegjësoheni për to duke u bërë më shumë në kontakt me trupin tuaj dhe mënyrën se si ndiheni.

Më poshtë janë disa hapa të thjeshtë që mund të ndërmerrni për të filluar të hiqni dorë nga emocionet tuaja.

1. Vëzhgoni emocionet tuaja me shkëputje

Sa herë që përjetoni një emocion negativ, thjesht vëzhgojeni atë me sa më shumë shkëputje që mundeni. Kjo do të thotë të vini në kontakt me trupin tuaj. Kuptoni se çdo mendim ose imazh që kalon në mendjen tuaj nuk është vetë emocioni, është vetëm interpretimi juaj i tij. Praktikoni të ndjeni se si ndihet. Mundohuni të gjeni emocionet. Mendoni se si do t'ia përshkruanit emocionin dikujt tjetër. Mbani mend mos:

· *Angazhoheni në një histori që rrotullohet rreth atij emocioni dhe besoni në çfarëdo imazhi ose mendimi që lind kur përjetoni atë emocion.*

2. Etiketoni emocionin tuaj

Mos harroni, emocionet janë thjesht përvoja të përkohshme, ose nëse preferoni, rroba që vishni për një kohë. Ata nuk janë 'ti'.

Kur përjetoni një emocion, ju thoni gjëra të tilla si: "Jam i zemëruar", "Jam i trishtuar" ose "Jam në depresion". Vini re se si identifikoheni menjëherë me emocionet tuaja. Megjithatë, kjo është faktikisht e pasaktë. Emocionet që përjetoni nuk kanë të bëjnë fare me atë që jeni në të vërtetë. Nëse do të ishit depresioni juaj, do të jeni në depresion gjatë gjithë ditës çdo sekondë të ekzistencës suaj. Për fat të mirë, nuk është kështu.

Le të supozojmë se ndihesh i trishtuar. Në vend që të thoni: "Jam i trishtuar", një mënyrë më e saktë për ta përshkruar atë emocion do të ishte: "Ndihem i trishtuar" ose "Përjetoj një ndjenjë trishtimi".

E shihni se sa ndryshe është nga të thuash, jam i trishtuar? Kjo ju jep më shumë hapësirë për t'u distancuar nga emocionet tuaja. Sa më shumë të ndërgjegjësoheni për emocionet tuaja, aq më shumë mund t'i etiketoni ato dhe të shkëputeni prej tyre dhe aq më lehtë do të jetë t'i lini këto emocione.

3. Lërini emocionet tuaja

Shumë shpesh, ju identifikoheni tepër me emocionet tuaja dhe kapeni pas tyre për arsyet e mëposhtme:

- Ata janë pjesë e historisë që po i tregon vetes. Ndonjëherë, nuk mund të ndalosh së kapuri pas një historie qoftë edhe të pafuqishme. Po, ju mund të bëheni të varur nga historitë shkatërruese pavarësisht se e dini se nuk po ju ndihmojnë.

· Ju besoni se emocionet jeni ju dhe ndjeni një nevojë të fortë për t'u identifikuar me to. Ju mund të bini në grackën e të besuarit se jeni emocionet tuaja. Si rezultat, ju identifikoheni shumë me ta, gjë që krijon vuajtje.

Shembull i jetës reale:

E ndjeja rregullisht se nuk isha mjaftueshëm i mirë. Si rezultat, besova se duhet të punoja më shumë. Ky besim më shtyu të krijoj lista me qëllime ditore që ishin të pamundura për t'u përmbushur edhe kur punoja nga mëngjesi në mbrëmje. Shpesh dështoja në objektivat e mia, gjë që përforconte besimin se nuk isha mjaftueshëm i mirë.

Duke kuptuar se kjo ishte vetëm një histori, fillova ta lija këtë besim. Pasi e bëra këtë, vura re se po bëja pothuajse po aq punë, por pa pasur nevojë të luftoja dhe të ndihesha i stresuar. Unë jam ende duke punuar në këtë çështje, por unë fitoj një vlerë të jashtëzakonshme nga ky proces.

Pjesa sfiduese ishte të heqja dorë nga bashkëngjitja ndaj historisë sime duke hequr dorë nga sa vijon:

Besimi se nuk jam mjaftueshëm i mirë dhe duhet të punoj më shumë. Krenaria që ndiej nga puna më shumë se shumica e njerëzve

Mentaliteti i viktimës që vjen nga puna shumë, duke mos marrë rezultatet që dua

Ideja se jam disi 'i veçantë'

Ideja se bota duhet të ndryshohet dhe nevoja për të kontrolluar rezultatin e veprimeve të mia.

Siç mund ta shihni, të heqësh dorë nga emocionet thelbësore nuk është e lehtë. Ata janë bërë pjesë e identitetit tonë dhe ne shpesh nxjerrim një kënaqësi të shtrembëruar prej tyre. Ne madje mund të pyesim veten se kush do të jemi pa to.

4. Një proces me pesë hapa për të hequr dorë nga emocionet

Në librin e tij, Metoda Sedona, Hale Dwoskin shpjegon se ka tre mënyra të ndryshme për të çliruar emocionet tuaja kur ato lindin. Ti mundesh:

Lërini të shkojnë. Kur përjetoni emocione negative, ju mund të zgjidhni me vetëdije t'i lironi ato në vend që t'i shtypni ato ose të kapeni pas tyre.

Lërini ata të jenë këtu. Ju mund t'i lejoni ato duke i pranuar ekzistencën e tyre pa u kapur pas tyre, ose mundeni

Mirë se vini ata. Ju mund t'i pranoni ato dhe t'i shikoni më nga afër për të zbuluar se cili është thelbi i këtyre emocioneve.

Sipas Hale Dwoskin, hapi i parë në çdo rast është të ndërgjegjësoheni për emocionet tuaja kur ato lindin. Më pas ai prezanton një proces me pesë hapa për të hequr qafe emocionet tuaja:

Hapi 1: Fokusohuni në një emocion të caktuar me të cilin dëshironi të punoni në mënyrë që të ndiheni më mirë. Ky nuk ka pse të jetë një emocion 'i madh'. Mund të jetë diçka aq e thjeshtë sa të mos ndihesh sikur të punosh në një detyrë specifike, ose të jesh pak i mërzitur për diçka.

Hapi 2: bëjini vetes një nga pyetjet e mëposhtme:

A mund ta lë këtë ndjenjë të largohet?
A mund të lejoj që kjo ndjenjë të jetë këtu?
A mund ta mirëpres këtë ndjenjë?

Në varësi të rrugës që dëshironi të shkoni (lëshoni, lejoni ose mirëpritni), përgjigjuni pyetjes përkatëse.

Hapi 3: Pastaj pyesni veten:

A do ta bëj?

A do ta lija këtë ndjenjë të largohej?
A do ta lejoja që kjo ndjenjë të ishte këtu?
A do ta mirëprisja këtë ndjenjë?

Përgjigjuni me po ose jo çdo pyetjeje duke qenë i sinqertë me veten tuaj. A ndiheni sikur mund ta lëshoni/lejoni/mirëpritni emocionin? Edhe një 'jo' do t'ju ndihmojë ta lini atë.

Hapi 4: Pyesni veten: "Kur"?

Përgjigja juaj do të jetë, "Tani". Ju e lini menjëherë atë emocion.

Hapi 5: Përsëriteni këtë proces sa herë të jetë e nevojshme që ajo ndjenjë e veçantë të zhduket.

Ju mund të tundoheni ta hiqni dorë nga kjo teknikë si tepër e thjeshtë dhe joefektive. Mos e bëj këtë! Provojeni vetë. Mos harroni se ju nuk jeni emocionet tuaja. Kjo është pikërisht duke praktikuar t'i lëshoni ato që ju do ta kuptoni atë të vërtetë universale. Ndërsa bëni një zgjedhje të vetëdijshme për të hequr dorë nga emocionet tuaja, për t'i mirëpritur plotësisht ose për t'i lejuar ato të jenë, do të fitoni një kuptim krejtësisht të ri se si funksionojnë emocionet dhe si t'i çlironi ato.

14

KUSHTËZIMI I MENDJES TUAJ TË PERJETOJË EMOCIONE POZITIVE

Përpiquni të shihni se një mendim për një person ose ngjarje është thjesht një mendim për atë person ose ngjarje. Është mendimi për ta që të bën të ndihesh ashtu siç ndihesh. Për të ndryshuar mënyrën se si ndiheni, ndryshoni mënyrën se si mendoni.

- VERNON HOWARD, PUSHTETI I SUPERMENDJES TUAJ.

Ne kemi diskutuar se si formohen emocionet dhe kemi prezantuar një proces që mund ta përdorni për të çliruar emocionet tuaja negative. Tani, le të shohim se si mund ta kushtëzoni mendjen tuaj që të fillojë të përjetojë dhe të intensifikojë emocionet pozitive në jetën tuaj.

Ju jeni ajo për të cilën mendoni shumicën e kohës

Për mijëra vjet, mistikët na kanë thënë se ne jemi rezultatet e mendimeve tona. Buda thuhet se ka thënë: "Ajo që mendon, bëhesh". Eseisti dhe poeti, Ralf Ualdo Emerson, tha: "Ne bëhemi ato për të cilat mendojmë gjatë gjithë ditës", ndërsa Mahatma Gandi tha: "Një njeri nuk është veçse produkt i mendimeve të tij".

Në librin e tij klasik, "Si mendon një njeri", Xhejms Allen shkroi:

Lëreni një njeri të ndryshojë rrënjësisht mendimet e tij dhe ai do të habitet me transformimin e shpejtë që do të sjellë në kushtet materiale të jetës së tij. Njerëzit imagjinojnë se mendimi mund të mbahet i fshehtë, por nuk mundet; ai kristalizohet shpejt në zakon dhe zakoni ngurtësohet në rrethanë.

- XHEJMS ALLEN

Për të marrë kontrollin e emocioneve tuaja, është thelbësore që të kuptoni rolin që luajnë mendimet tuaja në gjenerimin e emocioneve në përgjithësi. Mendimet tuaja aktivizojnë emocione të caktuara, dhe këto emocione, nga ana tjetër, gjenerojnë më shumë mendime. Më pas mendimet dhe emocionet ushqejnë njëra-tjetrën.

Për shembull, nëse besohet, mendimi "Unë nuk jam mjaftueshëm i mirë", do të gjenerojë emocione negative si turpi ose faji. Anasjelltas, kur ndiheni të turpëruar që 'nuk jeni mjaftueshëm i mirë', do të tërhiqni më shumë mendime në përputhje me atë besim. Do të përqendroheni në gjërat (që besoni) në të cilat nuk jeni të mirë, ose do të mbani mend dhe do të ndaleni në dështimet e së kaluarës. Kjo nga ana tjetër do të forcojë besimin tuaj të gabuar.

Mendimet gjenerojnë emocione dhe emocionet diktojnë veprimet tuaja. Nëse mendoni se nuk e meritoni një promovim, nuk do ta kërkoni atë. Nëse besoni se një burrë ose një grua është 'jashtë ligës suaj', nuk do t'i kërkoni atij ose asaj të dalë.

Me pak fjalë, kjo është mënyra se si funksionojnë mendimet. Ato gjenerojnë emocione që diktojnë veprimet tuaja dhe formojnë realitetin tuaj. Ndërsa kjo mund të mos jetë e qartë për ju në afat të shkurtër, në afat të gjatë, do të kuptoni se mendimet tuaja kanë një ndikim të jashtëzakonshëm në jetën tuaj.

Mendimet dhe emocionet përcaktojnë të ardhmen tuaj

Njerëzit kanë një fuqi që asnjë gjallesë tjetër nuk e ka: imagjinatën e tyre. Ne mund t'i përdorim mendimet tona për të manifestuar gjërat dhe për ta kthyer të padukshmen në të dukshme.

Megjithatë, mendimi në vetvete nuk mund te manifestojë gjëra ose rrethana. Duhet të ushqehet me një energji në formën e emocionit, si entuziazmi, ekzaltimi, pasioni ose lumturia. Për këtë arsye, dikush entuziast për ëndrrën e tij ose të saj do të arrijë më shumë sesa një person pesimist dhe i pamotivuar.

Njerëzit e suksesshëm fokusohen vazhdimisht në atë që duan me pritshmëri pozitive, ndërsa njerëzit e pasuksesshëm fokusohen në atë që nuk duan ose atë që u mungon. Këta të fundit kanë frikë se mos i mungojnë paratë, talenti, koha apo çdo burim tjetër që mund t'u nevojitet për të arritur qëllimet e tyre. Si rezultat, pesimistët arrijnë shumë më pak se sa janë në gjendje të arrijnë.

Kështu, një nga aftësitë më të rëndësishme që mund të zotëroni është aftësia juaj për të kontrolluar mendimet dhe emocionet tuaja. Kjo përfshin të kuptuarit se cilat janë emocionet tuaja, si funksionojnë ato dhe çfarë qëllimi shërbejnë. Më vonë, ne do të diskutojmë se si mund t'i përdorni emocionet tuaja si një mjet për rritjen personale.

Depozitoni mendime pozitive në mendjen tuaj

Njerëzit me vetëbesim depozitojnë mendime pozitive në mendjen e tyre çdo ditë. Ata festojnë fitoret e tyre të vogla dhe e trajtojnë veten me dhembshuri dhe respekt. Natyrisht, ata presin që të ndodhin gjëra të mira. Nga ana tjetër, njerëzit me vetëbesim të ulët bombardojnë mendjen e tyre me mendime zhgënjyese. Ata i hedhin poshtë arritjet e tyre si "jo gjë e madhe" dhe nuk arrijnë të njohin pikat e tyre të forta dhe qëllimin pozitiv pas veprimeve të tyre. Nuk është çudi që ata ndihen të padenjë. (Për më shumë informacion, lexoni seksionin, "Të mos jesh mjaftueshëm i mirë".)

Të dy përdorin mendimet e tyre për të shtrembëruar realitetin, por kush mendoni se është më mirë? Personi që depoziton mendime pozitive në mendjen e tij, apo personi që ndalet në mendime negative?

A do të thotë se të menduarit pozitiv do të zgjidhë të gjitha problemet tuaja dhe do të eliminojë emocionet tuaja negative një herë e përgjithmonë? Sigurisht, jo. Manipulimi i mendimit është thjesht një nga mjetet që mund të përdorni për të zotëruar emocionet tuaja.

Kufiri i të menduarit pozitiv

Përsëritja me vete: "Jam i lumtur, jam i lumtur, jam i lumtur", gjatë gjithë ditës nuk do t'ju kthejë në një Buda të gjallë. Ju mund të përfitoni prej saj, por do të përjetoni akoma emocione negative. Nëse nuk dini si t'i trajtoni emocionet negative kur ato shfaqen, do të bini pre e historisë suaj zhgënjyese. Ky tregim mund të jetë arsyeja pse je kaq humbës ose pse *fusni historinë tuaj të preferuar shfuqizuese këtu*.

Është interesante se njerëzit shpesh janë të varur nga historia e tyre - madje edhe ato negative - dhe nuk janë në gjendje të heqin dorë nga 'pse', sepse ata:

Janë thelbësisht të dobët
Nuk do të jenë kurrë të lumtur sepse *futni historinë tuaj të preferuar*
Nuk janë të denjë për dashuri
Nuk do t'ia dalin kurrë dhe nuk do të martohem kurrë, e kështu me radhë.

Mund të garantoj se jeni të varur nga një histori. Tani do të diskutojmë se si mund ta kushtëzoni mendjen tuaj që të përjetojë më shumë emocione pozitive. Pas kësaj, ne do të shohim se si mund të përballeni me emocionet negative kur ato lindin.

Zgjedhja e emocioneve që dëshironi të përjetoni

Për të kushtëzuar mendjen tuaj, hapi i parë është të vendosni se cilat emocione dëshironi të përjetoni më shumë. Dëshironi të jeni më të lumtur? Më të motivuar? Më proaktivë? Hapi i dytë është të vendosni një program specifik për t'ju lejuar të përjetoni emocionet tuaja të zgjedhura. Hapi i fundit është të praktikoni ta ndjeni atë emocion çdo ditë.

Ndjenja e të njëjtit emocion pa pushim ju lejon t'i qaseni më mirë. Neuroshkenca ka treguar se përjetimi i të njëjtit mendim ose emocion në mënyrë të përsëritur, forcon rrugët përkatëse nervore, duke lehtësuar aksesin e ardhshëm në atë mendim ose emocion. E thënë thjesht, sa më shumë të përjetoni një emocion, aq më lehtë bëhet gjenerimi i tij. Këtu hyn në lojë kushtëzimi i përditshëm.

Për të kushtëzuar mendjen tuaj që të përjetojë emocione pozitive, mund të përdorni metodën që kemi prezantuar më parë:

Interpretim + identifikim + përsëritje = emocion i fortë

Ja se si të përdorni formulën në këtë situatë:

Interpretimi: Vizualizimi i ngjarjeve të caktuara ose gjenerimi i mendimeve të veçanta që i shihni si pozitive.

Identifikimi: Identifikimi me këto ngjarje ose mendime duke u ndjerë ashtu siç dëshironi të ndiheni. Për ta bërë këtë, ju mund të përdorni të gjitha teknikat që përmendëm në seksionin "Çfarë ndikon në emocionet tuaja", të tilla si pohimet pozitive dhe vizualizimi.

Përsëritje: Vazhdoni të përsërisni të njëjtat mendime dhe të identifikoheni me to. Duke vepruar kështu, ju e lejoni mendjen tuaj të aksesojë më lehtë emocionet e lidhura.

Më poshtë janë disa shembuj të praktikave që mund të përdorni bazuar në mënyrën se si dëshironi të ndiheni:

1. Mirënjohje

Për t'u ndjerë më mirënjohës, bëjeni mirënjohjen një rutinë të përditshme. Çdo mëngjes, përqendrohuni në atë për të cilën jeni mirënjohës. Sa më shumë të praktikoni, aq më mirë do të jeni në gjendje të përqendroheni në anën pozitive të gjërave. Mjerisht, shumica prej nesh e dinë se duhet të jemi mirënjohës, por nuk jemi. Kjo është arsyeja pse ne duhet të kultivojmë mirënjohje. Siç tha i ndjeri Jim Rohn, "Emocionet tona duhet të jenë po aq të arsimuara sa edhe intelekti ynë".

Këtu janë disa ushtrime që mund të përdorni për të kultivuar një ndjenjë mirënjohjeje:

A. *Shkruani gjërat për të cilat jeni mirënjohës:* Merrni një stilolaps dhe një copë letër, ose më mirë, një fletore të dedikuar dhe shkruani të paktën tre gjëra për të cilat jeni mirënjohës. Kjo do t'ju ndihmojë të përqendroheni në anën pozitive të gjërave.

B. *Falënderoni njerëzit që kaluan jetën tuaj:* Mbyllni sytë dhe mendoni për njerëzit që keni takuar. Ndërsa i përfytyroni njëri pas tjetrit, falënderojini duke pranuar të paktën një gjë të mirë që kanë bërë për ju. Nëse ju ndodh të përfytyroni njerëz që nuk ju pëlqejnë, falënderoni ata gjithsesi dhe përsëri kërkoni një gjë të mirë që ata bënë për ju. Mund t'ju bëjë më të fortë ose t'ju mësojë një mësim specifik. Mos u mundoni të kontrolloni mendimet tuaja, thjesht lërini në mendje fytyrat e njerëzve që njihni. Lëshoni çdo pakënaqësi që ndjeni ose keni ndjerë.

C. *Përqendrohuni në një objekt dhe vlerësoni ekzistencën e tij:*
- Zgjidhni një artikull në dhomën tuaj dhe mendoni për sasinë e punës dhe numrin e njerëzve që përfshihen në procesin e krijimit dhe dorëzimit të tij. Për shembull, nëse zgjidhni një karrige, mendoni për të gjithë punën e nevojshme për ta krijuar atë. Disa njerëz duhej ta projektonin, të tjerë duhej të gjenin lëndë të parë dhe të tjerë

duhej ta montonin atë. Drejtuesit e kamionëve duhej ta dorëzonin atë në dyqan. Punonjësit e dyqanit duhej ta shfaqnin dhe ta promovonin. Ju ose dikush tjetër duhet të shkoni dhe ta mblidhni atë. Makina që drejtonit gjithashtu duhej të ndërtohej nga njerëz të tjerë, e kështu me radhë.

· Mendoni se si përfitoni nga kjo karrige: Mbani mend një herë kur ishit aq të lodhur sa mezi prisnit të uleshit. A nuk u ndjeva mirë kur më në fund mund të uleshit? Falë karriges jo vetëm që mund të uleni, por mund të përdorni edhe kompjuterin tuaj, të shkruani, të lexoni, të pini kafe ose të bëni një bisedë të këndshme me miqtë tuaj.

D. Dëgjimi i këngës së mirënjohjes/meditimi i drejtuar: Dëgjoni meditimin e mirënjohjes. (Kërko, 'meditim mirënjohjeje' në You Tube)

2. Ekzaltimi

Ndonjëherë, ju humbni ekzaltimin. Ndiheni sikur po vraponi në qarqe të bllokuar në të njëjtën rutinë të vjetër. Për të gjeneruar më shumë eksitim, kaloni pak kohë çdo mëngjes duke vizualizuar të gjitha gjërat që dëshironi. Emocionohem për këto gjëra. Më poshtë janë disa mënyra për ta bërë atë (ju lutemi vini re, kjo duhet të praktikohet rregullisht):

A. Shkruani atë që dëshironi: Merrni një stilolaps dhe një copë letër dhe shkruani "Çfarë dua", në krye të faqes. Më pas, shkruani gjithçka që mund të mendoni që ju emocionon.

B. Vizualizoni atë që dëshironi: Pyete veten: "Çfarë dua vërtet?" dhe imagjinoni të gjitha gjërat që dëshironi. Mundohuni të jeni sa më specifik. Qartësia është fuqi. Mendoni për karrierën tuaj ideale, marrëdhënien ose stilin e jetës, ose ndonjë qëllim që dëshironi të arrini në dekadën e ardhshme ose më tej.

C. Krijo një ditar synimesh/ëndrrash: Blini një fletore dhe shkruani qëllimet tuaja në çdo fushë të jetës tuaj. Rishikojini ato çdo mëngjes dhe vazhdoni të shtoni fotografi, vizatime ose ndonjë gjë tjetër për t'ju nxitur entuziazmin.

D. Imagjinoni gjallërisht ditën tuaj ideale:

Çfarë do të hani për mëngjes?
Si do ta kalonit ditën?
Me kë do ta kalonit ditën?
Çfarë do të bënit në mbrëmje?
Ku do të jetonit?
Si do të ndiheshit?

Mund të keni disa versione të ditës suaj ideale. Vetëm sigurohuni që çdo version ju emocionon.

3. Besimi/siguria

Nëse dëshironi të keni më shumë besim në aftësinë tuaj për të arritur qëllimet tuaja, imagjinoni veten sikur i keni arritur tashmë ato dhe ndjehuni mirë për këtë. Praktikoni zhvillimin e ndjenjës së sigurisë. Përkushtohuni për vizionin tuaj në mendjen tuaj. Sa herë që vizualizoni qëllimin tuaj, jepni energjinë e përkushtimit ndaj tij. Dije se do të ndodhë.

4. Vetëvlerësimi

Për të rritur vetëvlerësimin tuaj, mbani gjurmët e arritjeve tuaja të përditshme. Ju bëni shumë gjëra siç duhet, por keni tendencën të mbani mend vetëm gjërat që bëni gabim. Nuk është çudi që vetëvlerësimi juaj vuan. Blini një fletore dhe kushtojini këtij qëllimi. Regjistroni arritjet tuaja çdo ditë. Disa shembuj të arritjeve do të ishin:

U zgjova në kohë
Unë hëngra disa fruta
Pastrova tavolinën time
Kam përfunduar projektin A
Jam ushtruar
Përfundova ritualin tim të mëngjesit dhe/ose
Unë lexoj.

Siç mund ta shihni, nuk keni nevojë të shkruani asgjë të madhe. Në fakt, duke shkruar arritjet e vogla, ju kushtëzoni mendjen tuaj që të kërkojë më shumë fitore, gjë që me kalimin e kohës rrit vetëvlerësimin tuaj.

Për më shumë ushtrime në lidhje me vetëvlerësimin, referojuni seksionit: "Nuk ndiheni mjaft mirë".

5. Vendosmëria

Ndërsa praktikoni të jeni më vendimtar, do të rrisni produktivitetin tuaj, gjë që do të ndikojë në mirëqenien tuaj. Siç do të shohim në seksionin, 'Zvarritje', ngecja mund të krijojë shumë vuajtje emocionale.

Për t'u bërë më vendimtar, mund të përdorni Rregullin e 5-të të Dytë, të prezantuar nga Mel Robbins në librin e saj, me të njëjtin emër. Në të, Mel Robbins argumenton se ekziston vetëm një rregull kur bëhet fjalë për produktivitetin, suksesin ose marrjen e gjithçkaje që keni dashur ndonjëherë: ju duhet të bëni diçka pavarësisht nëse ju pëlqen apo jo. Nëse mund të bëni gjërat që nuk keni dëshirë t'i bëni, do të merrni gjithçka që keni dashur ndonjëherë.

Rregulli i saj 5 Sekond thotë se ju keni pesë sekonda nga momenti kur keni një ide deri në momentin kur ndërmerrni veprim. Nëse nuk arrini të veproni brenda këtyre pesë sekondave, mendja juaj do t'ju largojë. Natyra e mendjes është të na pengojë të bëjmë ndonjë gjë të frikshme ose të lodhshme. Për shembull, ju keni pesë sekonda për të:

Prezantoni veten me dikë me të cilin dëshironi të flisni në një ngjarje

Dërgoni atë email të rëndësishëm, ose

Bëni një pyetje gjatë një takimi.

Ushtrimi - Forconi vendosmërinë tuaj

Për të praktikuar rregullin 5 të dytë, mund të filloni me gjëra të vogla.

· Bëni një listë të gjërave që i shtyni. Ndoshta ju e shtyni larjen e enëve ose pastrimin e shtëpisë tuaj. Ndoshta, ju vononi të telefononi dikë ose të dërgoni disa email. Shkruaje.

• Tani, zgjidhni disa gjëra për të cilat do të përdorni Rregullin e 5 Sekondës. Merrni zotimin për të përdorur rregullin për të paktën një javë. Kur mendoni të lani enët, të telefononi dikë ose të vendosni detyrën tuaj të zgjedhur, numëroni mbrapsht nga pesë në zero dhe veproni përpara se të arrini zero.

Gabimet e zakonshme që duhen shmangur kur kushtëzoni mendjen tuaj:

Ndërsa e kushtëzoni mendjen tuaj që të përjetojë më shumë emocione pozitive, shmangni gabimet e mëposhtme:

• Përpjekja për të zbatuar shumë ndryshime në të njëjtën kohë: Qëndroni në një ose dy ushtrime për një muaj apo më shumë përpara se të provoni ndonjë ushtrim tjetër. Fillimi shumë i madh: Mbajeni atë të vogël dhe sigurohuni që ushtrimet të mos jenë shumë sfiduese. Mos harroni, marrja e kontrollit të emocioneve tuaja është një lojë afatgjatë. Është një maratonë, jo një sprint.

15

NDRYSHIMI I EMOCIONEVE TUAJA DUKE NDRYSHUAR SJELLJEN TUAJ

Veprimi duket se pason ndjenjën, por në të vërtetë veprimi dhe ndjenja shkojnë së bashku, dhe duke rregulluar veprimin, i cili është nën kontrollin më të drejtpërdrejtë të vullnetit, ne mund të rregullojmë në mënyrë indirekte ndjenjën, gjë që nuk është.

- UILLIAM XHEJMS, FILOZOF DHE PSIKOLOG.

Ne kemi parë që ju mund të ndikoni në emocionet tuaja duke përdorur trupin, mendjen ose fjalët. Ne kemi diskutuar gjithashtu se si mund të ndryshoni interpretimet tuaja të mendimeve ose ngjarjeve për të ndryshuar gjendjen tuaj emocionale. Fatkeqësisht, kur emocionet negative lindin papritur ose janë shumë të forta, ndryshimi i qëndrimit të trupit ose përdorimi i pohimit pozitiv mund të mos jetë i mjaftueshëm. Në fakt, përpjekja për të zëvendësuar një emocion negativ me një emocion më pozitiv shpesh dështon. Ju nuk mund ta kapërceni gjithmonë depresionin duke u gëzuar ose të kundërshtoni pikëllimin duke vendosur thjesht të 'ndiheni mirë'. As nuk mund të presësh që trishtimi i thellë të zhduket duke përsëritur frazën/mantrën, "Jam i lumtur, jam i lumtur, jam i lumtur".

Megjithatë, ju mund të ndikoni në mënyrën se si ndiheni duke ndryshuar sjelljen tuaj. Ndërsa ndryshoni sjelljen tuaj, ndjenjat tuaja do të ndryshojnë në përputhje me rrethanat. Mund të ndodhë pothuajse menjëherë, si kur e largoni veten nga zemërimi i butë duke kryer një detyrë. Ose mund të duhen javë apo edhe muaj derisa të përballeni me emocione të thella si pikëllimi i fortë ose depresioni.

Për të filluar të ndryshoni mënyrën se si ndiheni, sa herë që përjetoni një emocion negativ, bëni vetes pyetjet e mëposhtme:

"Çfarë e shkakton atë emocion?" dhe
"Çfarë mund të bëj për realitetin tim aktual?"

Pasi të bëni këto pyetje, identifikoni veprimet konkrete që mund të ndërmerrni për të ndryshuar gjendjen tuaj emocionale.

Mos harroni, nga natyra, emocionet do të zbehen me kalimin e kohës. Kjo do të thotë, nëse nuk i përforconi ato duke përsëritur të njëjtën situatë pa pushim në mendjen tuaj. Më poshtë janë disa shembuj të botës reale për t'ju ndihmuar të kuptoni më mirë se si funksionon:

Shembulli 1:

Nëse, pasi i dashuri ose e dashura u ndanë nga ju, vazhdoni të mbani mend kohët e mira që keni kaluar së bashku me trishtim, do të duhet më shumë kohë për të kapërcyer ndarjen. Edhe pse nuk ka asgjë të keqe të ndihesh i trishtuar ose të kujtosh të kaluarën, nëse dëshiron të ecësh përpara, një opsion më i mirë është të shmangësh rishikimin e së kaluarës kudo që të jetë e mundur. Në këtë rast, ndryshimi i sjelljes suaj do të ishte: bëni më të mirën tuaj për të ndaluar rishikimin e kujtimeve të vjetra.

Shembulli 2:

Nëse shqetësoheni vazhdimisht për një prezantim të ardhshëm në punë, ndryshimi i sjelljes suaj mund të jetë duke e përsëritur fjalimin tuaj për orë të tëra. Duke bërë këtë, do ta njihni tekstin aq mirë sa do të jeni në gjendje të performoni mirë edhe nën presion. Për t'i dhënë vetes një shans edhe më të mirë për sukses, mund të bëni edhe prova përpara kolegëve ose miqve tuaj.

Shembulli 3:

Nëse keni pakënaqur një mik të caktuar për javë të tëra për shkak të diçkaje që ai tha ose bëri, ndryshimi i sjelljes suaj mund të jetë të keni një bisedë të sinqertë me të dhe të ndani ndjenjat tuaja. Kjo do t'ju lejojë të pastroni ajrin, të sqaroni çdo keqkuptim dhe të shmangni krijimin e pakënaqësisë. Shpesh, ne keqinterpretojmë ngjarjet, ose shohim gjëra që nuk janë aty.

Shembulli 4:

Ndonjëherë ndiheni të trishtuar, të zemëruar apo edhe të dëshpëruar dhe nuk mund të bëni asgjë për këtë. Në këtë rast, më e mira që mund të bëni është të shmangni fokusimin në ndjenjat tuaja dhe thjesht t'i lini ato. Detyra juaj këtu është të bëni atë që duhet të bëni dhe të jetoni jetën tuaj derisa këto emocione të zbehen. Mos harroni të praktikoni largimin e emocioneve negative kur ato lindin. Ndërsa mësoni të shkëputeni nga emocionet negative, kjo do të ndihmojë në parandalimin e rritjes dhe rrënjosjes së tyre.

16

NDRYSHONI EMOCIONET TUAJA DUKE NDRYSHUAR MJEDISIN TUAJ

Ju nuk mund të kontrolloni gjithmonë emocionet tuaja. Disa ngjarje, të tilla si ndarja, humbja e një personi të dashur ose një sëmundje e rëndë, mund të shkaktojnë emocione negative.

Megjithatë, ju keni kontroll mbi disa ngjarje. Keni situata të jetës së përditshme që ndikojnë në qetësinë tuaj mendore? Po sikur të mund të bënit diçka për ta?

Ndonjëherë, për të reduktuar emocionet negative, thjesht duhet të shmangni vënien e vetes në situata që i gjenerojnë ato në radhë të parë. Ndoshta, ju shikoni shumë TV, gjë që ju bën të mjeruar. Ose ndoshta, duke parë miqtë tuaj (në dukje) të lumtur në Facebook, ju bën të ndiheni si një dështim. Pse të mos shpenzoni më pak kohë në situata të tilla?

Shembull i jetës reale:

Facebook po më bënte të pakënaqur dhe u ndjeva si një dështim. Kolegët po ia nxirrnin fundin dhe miqtë e mi dukeshin kaq të lumtur (ose kështu mendoja unë). Për të mos përmendur faktin se po humbisja orë të tëra nga koha ime duke lëvizur pa mendje nëpër lajmet e mia. Për të kapërcyer këtë shterim në 'bankën' time emocionale, reduktova në mënyrë drastike kohën që kaloja në Facebook. Që kur mora vendimin, jam ndjerë më mirë.

Ky shembull ju tregon se ndryshimet e vogla mund të përmirësojnë mirëqenien tuaj. Nëse shikoni gjërat që bëni çdo ditë, do të gjeni aktivitete ose sjellje që nuk e mbështesin lumturinë tënde. Thjesht heqja e një ose dy prej këtyre aktiviteteve, ose ndryshimi i disa sjelljeve tuaja, mund të përmirësojë ndjeshëm disponimin tuaj.

Ju mund ta dini tashmë se çfarë duhet të bëni, por është gjithashtu e mundur që nuk jeni në dijeni të kostos së disa prej sjelljeve tuaja në mirëqenien tuaj.

Më poshtë, kam renditur disa shembuj aktivitetesh ose sjelljesh që mund t'ju heqin lumturinë. Pyesni veten nëse ata po kontribuojnë në ndjenjën tuaj të përgjithshme të mirëqenies:

- *Duke parë televizor:* Megjithëse shikimi i televizorit mund të jetë argëtues, është gjithashtu një aktivitet pasiv që mund të mos kontribuojë shumë në lumturinë tuaj. Kalimi i kohës në mediat sociale: Rrjetet sociale janë të përshtatshme dhe ju mundësojnë të mbani kontakte me miqtë tuaj, por gjithashtu mund të krijojnë varësi. Facebook ose Twitter mund t'ju kthejnë në një të varur që kërkon miratimin e të tjerëve.

- *Shoqërimi me njerëz negativë:* Njerëzit me të cilët shoqëroheni kanë një ndikim të jashtëzakonshëm në gjendjen tuaj emocionale. Njerëzit pozitivë do t'ju ngrenë lart dhe do t'ju ndihmojnë të arrini ëndrrat tuaja më të çmendura. Njerëzit negativë do të thithin energjinë tuaj, do t'ju demotivojnë dhe do të shkatërrojnë potencialin tuaj. Siç tha Jim Rohn, "Ju jeni mesatarja e pesë njerëzve me të cilët kaloni më shumë kohë."

Sigurohuni që të rrethoheni me njerëzit e duhur.

- *Ankesa dhe fokusimi në negativitet:* A e shihni vazhdimisht anën negative të gjërave? A ndaleni në të kaluarën? Nëse po, si ndikon kjo në nivelin tuaj të lumturisë? Mos e përfundoni atë që filloni: Lënia e detyrave dhe projekteve të papërfunduara në jetën tuaj personale dhe profesionale mund të ketë një efekt të dëmshëm në disponimin tuaj. Biznesi i papërfunduar të rrëmujë mendjen. Të ndiheni të mbingarkuar ose të demotivuar, është një shenjë që mund të keni shumë 'qarqe të hapura' në jetën tuaj. Shembuj të 'qarqeve të hapura' janë projektet e papërfunduara për të cilat keni vonuar ose duke shmangur njerëzit me të cilët duhet të flisni.

Këto janë vetëm disa shembuj. Po ju? Cilat aktivitete apo sjellje ju heqin lumturinë?

17

ZGJIDHJE AFATSHKURTRA DHE AFATGJATA PËR TË TRAJTUAR EMOCIONET NEGATIVE

Asnjë formë tjetër jete në planet nuk e njeh negativitetin, vetëm njerëzit, ashtu si asnjë formë tjetër e jetës nuk e dhunon dhe helmon Tokën që e mban atë. A keni parë ndonjëherë një lule të pakënaqur ose një pemë lisi të stresuar? A keni hasur në një delfin të dëshpëruar, një bretkosë që ka problem me vetëvlerësimin, një mace që nuk mund të pushojë ose një zog që mbart urrejtje dhe pakënaqësi? Të vetmet kafshë që mund të përjetojnë herë pas here diçka të ngjashme me negativitetin ose të shfaqin shenja të sjelljes neurotike janë ato që jetojnë në kontakt të ngushtë me njerëzit dhe kështu lidhen me mendjen e njeriut dhe çmendurinë e tij.

- EKHART TOLL, PUSHTETI I TË TASHMES

Në këtë seksion, unë do t'ju ofroj një listë ushtrimesh ose teknikash që mund t'i përdorni për të përballuar më mirë emocionet negative. Pa marrë parasysh se sa kontroll keni mbi mendjen tuaj, do të përjetoni ende një mori emocionesh negative në të ardhmen, nga zhgënjimi i lehtë deri te depresioni. Më mirë të jesh i përgatitur.

Unë kam renditur më poshtë disa gjëra që mund të bëni për të përballuar emocionet negative dhe kam përfshirë zgjidhje afatgjata dhe afatshkurtra.

1. Zgjidhjet afatshkurtra

Teknikat e mëposhtme do t'ju ndihmojnë të menaxhoni emocionet negative kur ato lindin. Provoni ato dhe mbani ato që funksionojnë për ju.

A. Ndryshoni gjendjen tuaj emocionale

· *Shpërqendroni veten:* Një emocion është aq i fortë sa e lejoni të jetë. Sa herë që përjetoni një ndjenjë negative, në vend që të përqendroheni në të, zënë menjëherë. Nëse jeni të zemëruar për diçka, kaloni diçka nga lista juaj e detyrave. Nëse është e mundur, bëni diçka që kërkon vëmendjen tuaj të plotë. Ndërprerja: Bëni diçka pa kuptim ose të pazakontë për të thyer modelin. Bërtisni, bëni një kërcim budalla ose flisni me një zë të çuditshëm.

· *Lëviz:* Ngrihuni në këmbë, shkoni për një shëtitje, bëni shtytje, kërceni ose përdorni një qëndrim të fortë. Duke ndryshuar fiziologjinë tuaj, ju mund të ndryshoni mënyrën se si ndiheni.

· *Dëgjo Muzikë:* Dëgjimi i muzikës suaj të preferuar mund të ndryshojë gjendjen tuaj emocionale.

· *Bërtit*: Flisni me veten me një zë të lartë dhe autoritar dhe jepini vetes një bisedë të shpejtë. Përdorni zërin dhe fjalët për të ndryshuar emocionet tuaja.

B. Merrni masa

· *Bëje gjithsesi:* Lëreni ndjenjën tuaj të qetë dhe bëni atë që duhet të bëni. Të rriturit e pjekur bëjnë atë që duhet të bëjnë pavarësisht nëse u pëlqen apo jo.

- *Bëni diçka për të:* Sjellja juaj ndryshon në mënyrë indirekte ndjenjat tuaja. Pyete veten: "Çfarë veprimi mund të ndërmarr sot për të ndryshuar mënyrën se si ndihem?" Pastaj, shko bëje.

C. Bëhuni të vetëdijshëm për emocionet tuaja

- *Shkruaje:* Merrni një stilolaps dhe letër dhe shkruani për çfarë shqetësoheni, pse dhe çfarë mund të bëni për këtë. Bëhuni sa më specifik.

- *Shkruani çfarë ndodhi:* Merrni një copë letër dhe shkruani se çfarë ndodhi saktësisht për të gjeneruar emocione negative. Mos e shkruani interpretimin tuaj ose dramën që keni krijuar rreth tij. Shkruani faktet e papërpunuara. Tani pyesni veten, në skemën e madhe të jetës suaj, a është vërtet një punë kaq e madhe?

- *Bisedoni:* Bëni një diskutim me një mik. Ju mund të jeni duke reaguar tepër, duke i bërë gjërat më keq se sa janë. Ndonjëherë, gjithçka që ju nevojitet është një këndvështrim tjetër.

- *Kujtoni një moment kur jeni ndjerë mirë me veten:* Kjo mund t'ju ndihmojë të ktheheni në atë gjendje dhe të fitoni një perspektivë të re. Bëjini vetes pyetjet e mëposhtme: "Si u ndjeve?" "Çfarë po mendoja në atë kohë?" "Cila ishte këndvështrimi im për jetën në atë kohë?" Lëreni emocionet tuaja: Pyete veten: "A mund ta lë atë emocion të shkojë?" Më pas, lejoni vetes ta lëshoni atë.

- *Lejoni që emocionet tuaja të jenë:* Mos u përpiqni t'u rezistoni emocioneve tuaja ose t'i ndryshoni ato. Lërini ata të jenë ata që janë.

- *Përqafoni emocionet tuaja:* Qëndroni me emocionet tuaja. Shikojini ato sa më afër që të jetë e mundur, ndërsa bëni çmos që të qëndroni të shkëputur. Bëhuni kurioz për ta. Çfarë janë ato saktësisht në thelbin e tyre?

D. Thjesht relaksohuni

- *Pushoni:* Merrni një sy gjumë ose një pushim. Kur jeni të lodhur, keni më shumë gjasa të përjetoni emocione negative sesa kur jeni të pushuar siç duhet.

- *Merrni frymë:* Merrni frymë ngadalë për t'u çlodhur. Mënyra se si merrni frymë ndikon në gjendjen tuaj emocionale. Përdorni teknika të frymëmarrjes për t'ju qetësuar, ose për t'ju dhënë më shumë energji.

- *Relaksohuni:* Merrni disa minuta për të relaksuar muskujt tuaj. Filloni duke relaksuar nofullën tuaj, tensionin rreth syve dhe muskujt në fytyrën tuaj. Trupi juaj ndikon në emocionet tuaja. Ndërsa relaksoni trupin tuaj, edhe mendja juaj relaksohet.

- *Bekoni problemet tuaja:* Falemninderit për problemet tuaja. Kuptoni se ata janë këtu për një arsye dhe do t'ju shërbejnë në një farë mënyre.

2. Zgjidhjet afatgjata

Teknikat e mëposhtme do t'ju ndihmojnë të menaxhoni emocionet tuaja negative për një kohë të gjatë.

A. Analizoni emocionet tuaja negative

· *Identifikoni historinë që qëndron pas emocioneve tuaja:* Merrni një stilolaps dhe një letër dhe shkruani të gjitha arsyet pse keni këto emocione në radhë të parë. Çfarë supozimesh mbani? Si e keni interpretuar atë që po ndodh me ju? Tani, shikoni nëse mund ta lini këtë histori të veçantë.

· *Shkruani emocionet tuaja në një ditar:* Merrni disa minuta çdo ditë për të shkruar se si jeni ndjerë. Kërkoni modele të përsëritura. Më pas, përdorni pohimet, vizualizimin ose një ushtrim përkatës për t'ju ndihmuar të kapërceni këto emocione. Praktikoni vëmendjen: Vëzhgoni emocionet tuaja gjatë gjithë ditës. Meditimi do t'ju ndihmojë ta bëni këtë. Një mënyrë tjetër, është thjesht të përfshiheni në një aktivitet duke qenë plotësisht i pranishëm. Ndërsa jeni duke e bërë këtë, vëzhgoni se çfarë po ndodh në mendjen tuaj.

B. Largohuni nga negativiteti

Ndrysho mjedisin: Nëse jeni të rrethuar nga negativiteti, ndryshoni mjedisin tuaj. Lëvizni në një vend tjetër ose zvogëloni kohën që ju kaloni me miqtë negativë.

Hiqni aktivitetet kundër produktive: Hiqni ose zvogëloni kohën që shpenzoni në ndonjë aktivitet që nuk ka një ndikim pozitiv në jetën tuaj. Kjo mund të jetë zvogëlimi i kohës që kaloni duke parë TV ose duke lundruar në internet.

C. Kushtëzoni mendjen tuaj

Krijoni ritualet e përditshme: Kjo do t'ju ndihmojë të përjetoni më shumë emocione pozitive. Meditoni, ushtroni, përsëritni pohimet, krijoni një ditar mirënjohjeje, e kështu me radhë. (Koha më e mirë për të depozituar mendime pozitive në mendjen tuaj është para se të flini dhe gjëja e parë në mëngjes.)

Ushtrimi: Ushtrohu rregullisht. Ushtrimi përmirëson disponimin tuaj dhe është i mirë për shëndetin tuaj emocional dhe fizik.

D. Rritni energjinë tuaj

Sa më pak energji të keni, aq më shumë ka të ngjarë të përjetoni emocione negative.

Përmirësoni gjumin tuaj: Sigurohuni që të flini mjaftueshëm. Nëse është e mundur, shkoni në shtrat dhe zgjohuni në të njëjtën kohë çdo ditë.

Hani ushqim më të shëndetshëm: Siç thotë fjala, "Ju jeni ajo që hani." Ushqimi i padëshiruar do të ndikojë negativisht në nivelet tuaja të energjisë, prandaj ndërmerrni hapa për të përmirësuar dietën tuaj.

Pushoni: Merrni sy gjumë të rregullt, ose merrni disa minuta për t'u çlodhur

Merrni frymë: Mësoni të merrni frymë siç duhet.

E. Kërkoni ndihmë

Konsultohuni me një profesionist: nëse keni probleme të thella emocionale si vetëvlerësimi ekstrem i ulët ose depresioni, mund të jetë e mençur të konsultoheni me një profesionist.

PJESA IV

SI TË PËRDORNI EMOCIONET TUAJA PËR RRITJEN PERSONALE

Unë ju sugjeroj që çdo situatë, çdo moment, të ofrojë mundësinë për vetë-rritje dhe zhvillim të karakterit tuaj. Realiteti vazhdon të na sjellë rrethana - ndonjëherë i përfytyroj ato si valë që shpërthejnë në breg - dhe ne kemi mundësinë të vazhdojmë të bashkohemi me atë realitet për t'u përshtatur me të, për t'u zhytur në ato valë.

- DEJVID K. REYNOLDS, AUTOR I JETË KONSTRUKTIVE.

Ne kemi parë se çfarë janë emocionet, si formohen ato dhe si mund ta riprogramoni mendjen tuaj për të përjetuar më shumë emocione pozitive. Tani, le të shohim se si mund t'i përdorni emocionet tuaja si një mjet për rritjen personale.

Shumica e njerëzve nënvlerësojnë se sa të dobishme mund të jenë emocionet. Ata kurrë nuk e kuptojnë vërtet se mund t'i përdorin emocionet e tyre për t'u rritur.

Mendoni në këtë mënyrë. Emocionet tuaja ju dërgojnë një mesazh. Ata ju thonë se interpretimi juaj aktual i realitetit është i njëanshëm. Problemi nuk është kurrë realiteti, por mënyra se si e interpretoni atë. Mos harroni kurrë, ju keni fuqinë për të gjetur kuptimin dhe gëzimin edhe në situatat më të këqija.

Për shembull, Alice Sommer kishte çdo arsye në botë për t'u ndjerë e pashpresë. Ajo u burgos në një kamp përqendrimi gjatë Luftës së Dytë Botërore dhe nuk e dinte se sa kohë i kishte mbetur për të jetuar. Ajo, megjithatë, gjeti gëzim. Siç kujton ajo:

Unë qeshja gjithmonë. Ishim shtrirë në dyshemë me djalin tim dhe ai më pa duke qeshur. Si mund të mos qeshë një fëmijë kur nëna qesh?

- ALICE SOMMER

Nik Vujiçiç besonte se nuk do të ishte kurrë i lumtur. Në fund të fundit, ai ka lindur pa krahë apo këmbë. Siç tha ai në një nga leksionet që mbajti në një shkollë:

Çfarë lloj burri do të bëhem nëse nuk mund ta mbaj dot gruan time.

- NIK VUJIÇIÇ

Në këto rrethana askush nuk do ta fajësonte nëse do të kishte mbetur i hidhur gjithë jetën. Megjithatë, ai i kapërceu sfidat e tij dhe sot, përveçse një folës i suksesshëm motivues, ai është një bashkëshort i lumtur dhe baba i dy fëmijëve.

Këta dy shembuj na tregojnë se ne mund të kapërcejmë edhe situatat më sfiduese. Ata na tregojnë se emocionet negative nuk zgjasin përgjithmonë. Kohët sfiduese në jetën tonë janë shpesh ngjarje që na lejojnë të rritemi si qenie njerëzore. Edhe një krizë e plotë nervore mund të shërbejë si një thirrje zgjimi për njerëzit.

Në këtë seksion, do të mësoni se si funksionojnë emocionet dhe si mund t'i përdorni ato për t'u rritur, duke reduktuar njëkohësisht vuajtjet emocionale që ato krijojnë.

18

SI MUND TË UDHËZOHEN EMOCIONET NË DREJTIMIN E DUHUR

Emocionet vijnë dhe shkojnë dhe, në fund të fundit, nuk mund t'ju përcaktojnë. Por kjo nuk do të thotë se ata nuk kanë një rol për të luajtur. Ata mund të nxisin rritjen tuaj personale duke ju kujtuar atë që tashmë dini: ju duhet të bëni ndryshime në jetën tuaj. Sa më shumë t'i injoroni emocionet tuaja, aq më të zhurmshme do të bëhen ato. Fillon me një zë të vogël, një ndjenjë të thellë ose një njohuri intuitive. Ndërsa e largoni këtë shenjë, ajo bëhet më e zhurmshme. Vazhdoni të injoroni emocionet tuaja dhe trupi juaj do të fillojë të flasë në të njëjtën mënyrë siç përjetoni dhimbje fizike.

Për shembull, le të themi se ndjeni një emocion që e identifikoni si 'stres'. Kjo ju thotë të bëni ndryshime në jetën tuaj. Mund të përfshijë largimin nga një situatë stresuese, përmirësimin e situatës ose ndryshimin e mënyrës se si e interpretoni atë. Një gjë është e sigurt, ju duhet të bëni diçka për të. Nëse vazhdoni të injoroni stresin ose stresorin, mund të rezultojë në probleme të rënda shëndetësore.

Në fund të fundit, emocionet tuaja ju dërgojnë një mesazh. Në të njëjtën mënyrë që dhimbja fizike ju tregon se diçka nuk është në rregull me trupin tuaj, vuajtja emocionale ju tregon se diçka nuk është në rregull me mendjen tuaj.

Fuqia e vetëdijes

Vetëdija është një nga komponentët më të rëndësishëm të rritjes suaj personale. Pa të, ju nuk mund të bëni shumë për të ndryshuar jetën tuaj, pasi nuk mund të ndryshoni një problem nëse nuk e kuptoni se ekziston.
Pra, çfarë është vetëdija? Vetëdija është aftësia juaj për të vëzhguar në mënyrë objektive mendimet, emocionet dhe sjelljet tuaja pa shtuar interpretimin ose historinë tuaj.

Mbi apo poshtë vijës?

Në 15 Angazhimet e Udhëheqjes së Ndërgjegjshme, Xhim Dethmer dhe Diana Chapman prezantuan një model shumë të thjeshtë por të fuqishëm për të ndihmuar në rritjen e vetëdijes. Ky model është jashtëzakonisht i thjeshtë: një linjë e vetme. Autorët argumentojnë se, në çdo kohë, ju jeni ose mbi ose nën vijën.

Kur je mbi vijën, je i hapur, kurioz dhe i gatshëm për të mësuar, por kur je poshtë vijës, dëshiron të jesh korrekt dhe, si rezultat, priret të jesh difensiv dhe i mbyllur ndaj ideve të reja. E thënë thjesht, kur je mbi vijën je i vetëdijshëm, kur je poshtë vijës je i pavetëdijshëm.

Nëse jeni mbi ose nën vijën varet nga gjendja juaj emocionale. Kur ndjeni një kërcënim për mbijetesën tuaj fizike ose për egon tuaj, ju bini poshtë vijës dhe përpiqeni të mbroni veten në mënyrë që ju (ose egoja juaj) të mbijetoni. Anasjelltas, kur veproni mbi linjë, jeni në një gjendje pozitive mendore. Kreativiteti, inovacioni dhe bashkëpunimi juaj janë në maksimumin e tyre, duke rezultuar në performancë të përmirësuar.

Aftësia juaj për të njohur kur bini nën vijën përcakton në masë të madhe se sa mirë mund të kontrolloni gjendjen tuaj emocionale. Ju nuk mund të ndryshoni një emocion nëse nuk e vini re praninë e tij. Kjo është ajo që do të thotë të jesh 'i vetëdijshëm' ose 'i ndërgjegjshëm'. Më poshtë janë disa shembuj të sjelljeve "mbi vijë" dhe "nën vijë".

Mbi vijë, ju jeni:

Kurioz
Duke dëgjuar me vetëdije
Ndjeni emocione
Diskutues pa qenë argumentues
Vlerësues
Marrës i përgjegjësive dhe
Duke vënë në dyshim bindjet tuaja.

Poshtë vijës, ju jeni:

I Kapur pas një mendimi

Gjetja e fajit
Duke argumentuar
Racional dhe justifikues
Thashethemexhi
Regjistrimi i të tjerëve për të afirmuar bindjet tuaja, dhe
Sulmues ndaj të dërguarit.
Frika kundër dashurisë

Një model tjetër i thjeshtë që mund të përdorni është modeli Frika kundër Dashurisë. Gjatë gjithë ditës, ju ose veproni nga frika ose nga dashuria. Ju veproni nga frika kur fokusi juaj është të merrni diçka, qoftë miratimi apo vëmendja e njerëzve të tjerë, paratë apo fuqia. Nga ana tjetër, kur veproni nga dashuria, fokusi juaj kryesor është në dhënien, qoftë koha, paratë, dashuria apo vëmendja juaj. Ju dëshironi të ndani dhe përmirësoni jetën e njerëzve përreth jush, jo për interesin tuaj, por thjesht për hir të tij.

Ndërsa veprimet tuaja mund të pasqyrojnë njëkohësisht dëshirën tuaj për të dhënë dhe për të marrë, një ose tjetri prej këtyre komponentëve është përgjithësisht më i theksuar. Për të zotëruar emocionet tuaja, duhet të mësoni të identifikoni nëse po veproni nga dashuria apo nga frika. Për shembull, shikoni një nga qëllimet tuaja kryesore të jetës. A është një qëllim i bazuar në frikë apo një qëllim i bazuar në dashuri? Po përpiqeni të jepni dhe kontribuoni për botën, apo po përpiqeni të merrni prej saj?

Për shembull, le të themi se dëshironi të bëheni aktor. Disa nga arsyet për këtë mund të jenë si më poshtë:

1. *Të fitoni para*
2. *Të jeni i famshëm*
3. *Për tu treguar prindërve dhe miqve tuaj se jeni mjaftueshëm i mirë*
4. *Njeri argëtues*
5. *Doni të shpreheni*

Tre shembujt e parë janë zakonisht sjellje të bazuara në frikë: ju dëshironi të mbushni një boshllëk brenda vetes dhe të demonstroni se sa i mirë jeni. Dy shembujt e fundit janë sjellje të bazuara në dashuri që theksojnë dëshirën për të shprehur dhuratën tuaj ndaj botës.

Ndërsa diskutojmë më në thellësi se si funksionojnë emocionet e ndryshme, mbani në mend këto dy modele: sipër/poshtë vijës dhe veprime të bazuara në frikë kundrejt atyre të dashura.

Vini re se gjatë gjithë ditës tuaj shpesh alternoni midis sjelljeve të bazuara në dashuri dhe sjelljeve të bazuara në frikë. Për shembull, mund të jeni të zhytur në një detyrë që i ndihmon njerëzit dhe ju bën të ndiheni të plotë. Në këtë moment, nuk keni nevojë për asgjë. Pesë minuta më vonë ju mund të imagjinoni se sa krenar do të jetë babai juaj sapo të fitoni më në fund një promovim. Në këtë moment, nuk ndiheni më të plotë. Në vend të kësaj, ju po përpiqeni të merrni diçka, (në këtë situatë, miratimi i babait tuaj).

Filloni të vini re motivet themelore pas veprimeve tuaja. Ndërsa e bëni këtë, do të filloni të kuptoni se shpenzoni një kohë të konsiderueshme duke u përpjekur të fitoni miratimin e njerëzve të tjerë, qofshin ata kolegu, shefi, prindërit ose partneri juaj. Vini re këtë dhe pyesni veten se çfarë mund të bëni për të kaluar nga 'dëshira për të marrë' në 'dëshir për të dhënë'.

Tani, me këto dy modele në mendje, le të shohim se si mund të ndërgjegjësoni më shumë emocionet që përjetoni në jetën tuaj të përditshme.

19

REGJISTRIMI I EMOCIONEVE TUAJA

Hapi i parë për të përmirësuar mënyrën se si ndiheni është të bëheni më të vetëdijshëm për emocionet që përjetoni rregullisht. Para se të gjeneroni më shumë emocione pozitive, së pari duhet të përcaktoni pikën tuaj fillestare.

Për të hedhur dritë mbi emocionet që po përjetoni në jetën tuaj të përditshme, ju ftoj të regjistroni emocionet tuaja për një javë të tërë. Përdorni një fletore ose një fletë pune të shkarkueshme për ta bërë këtë. Kaloni disa minuta çdo ditë për të regjistruar se si ndiheni dhe vlerësoni veten në një shkallë nga 1 deri në 10, ku 1 është më e keqja që mund të ndiheni dhe 10 është më e mira që mund të ndiheni. Në fund të javës, jepni vetes një rezultat të përgjithshëm dhe përgjigjuni pyetjeve të mëposhtme:

- *Çfarë emocionesh negative keni përjetuar?*

- Çfarë i shkaktoi këto emocione? Cilat janë faktet e vështira?
- A keni pasur mendime specifike që ju bëjnë të ndiheni të tillë? A i shkaktuan ngjarjet e jashtme këto emocione negative? Ju ka munguar gjumi? U sëmure? Keni qenë në një aksident?
- Çfarë ndodhi në të vërtetë? (Jo në mendjen tuaj, por në botën fizike)
- Cili ishte interpretimi juaj i fakteve?
- Çfarë duhet të besoni për t'u ndjerë kështu?
- A janë bindjet tuaja të sakta?
- A mund të jeni ndjerë më mirë duke interpretuar mendimet ose ngjarjet ndryshe?
- Si u kthyet në shtetin tuaj neutral?
- Çfarë ndodhi saktësisht? A keni ndryshuar mendimet tuaja? A keni marrë masa për gjërat që po i shmangeni? A ka ndodhur thjesht natyrshëm?
- Çfarë mund të kishit bërë për të shmangur ose zvogëluar këto emocione negative?

Shembull konkret:

Le të themi se i regjistroni emocionet tuaja për një javë dhe vini re se keni qenë në depresion të lehtë për disa ditë. Ja si mund të duket:

Çfarë e shkaktoi këtë emocion?

Më kërkuan të bëja një detyrë në punë dhe u ndjeva i paaftë për ta përfunduar atë.

Çfarë ndodhi në të vërtetë?

Më kërkuan të kryeja një detyrë dhe e bëra.

Cili ishte interpretimi juaj i fakteve?

· Ndihesha sikur isha i paaftë dhe të gjithë në zyrë përveç meje mund ta bënin detyrën.

· Ndihesha sikur duhej të kisha qenë në gjendje ta bëja mirë detyrën.

· Më dukej sikur të gjithë po më gjykonin.

Çfarë duhet të besoni për t'u ndjerë kështu?

Do të më duhej të besoja:

Unë jam i paaftë.

Të jesh i paaftë është e papranueshme.

Duhet të kisha qenë në gjendje ta bëja atë detyrë.

Të gjithë po më gjykojnë.

A janë të vërteta bindjet tuaja? Jeni vërtet të paaftë?

Ndoshta jam i njëanshëm dhe e kam gjykuar veten shumë ashpër.

A është e papranueshme të jesh i paaftë?

Jo. Fakti është se nuk mund të jem gjithmonë kompetent si gjithçka.

A duhet të jeni në gjendje ta bëni atë detyrë?

Nuk kam shumë përvojë në kryerjen e detyrave të ngjashme dhe nuk kishte asnjë mënyrë që ta bëja pa kërkuar ndihmë.

A është e vërtetë që të gjithë ju gjykojnë?

Disa njerëz mund të më gjykojnë, por kjo ndoshta nuk është e vërtetë për të gjithë. Është gjithashtu e mundur që askush nuk kujdeset vërtet. Në fund të fundit, ata kanë problemet e tyre me të cilat duhet të merren. Dhe çfarë nëse askush nuk e vuri re? Ose ndoshta, ia dola mirë dhe negativiteti është i gjithi në mendjen time.

Si u kthyet në gjendjen tuaj neutrale?

Kuptova se në fakt nuk ishte gjë e madhe. Pyeta një koleg nëse e bëra detyrën si duhet. Ai më ndihmoi dhe më dha disa këshilla. Ai rekomandoi gjithashtu disa libra të mirë për të ndihmuar në përmirësimin e aftësive të mia.

Çfarë mund të kishit bërë ndryshe për të shmangur ose zvogëluar këtë emocion negativ?

Mund t'i kisha kërkuar dikujt të më ndihmonte në vend që të përpiqesha të bëja gjithçka vetë.

Ndërsa kaloni nëpër këtë proces, do të vini re se çfarë ju bën të përjetoni emocione negative. Ju do të jeni në gjendje të identifikoni sjelljet vetëshkatërruese dhe t'i kapërceni më pas duke përdorur kushtëzimin dhe afirmimin e përditshëm.

Këshillë shtesë:

Mos harroni të shkruani se si ndiheni çdo ditë duke përdorur një ditar të dedikuar. Kjo do t'ju ndihmojë të shkëputeni nga emocionet tuaja, ndërsa kuptoni se uljet dhe ngritjet janë një pjesë normale e të jetuarit.

20

TË MOS JESH MJAFTUESHËM I MIRË

Kur fitova Oscarin, mendova se ishte një rastësi. Mendova se të gjithë do ta zbulonin dhe do të ma merrnin përsëri. Se do të vinin në shtëpinë time, duke trokitur në derë, 'Më falni, ne donim t'ia jepnim dikujt tjetër. Ky Oskar ishte për Meryl Streep.

- JODIE FOSTER

Ju mendoni, 'Pse dikush do të donte të më shihte përsëri në një film? Dhe gjithsesi nuk di si të veproj, kështu që as pse-në se po e bëj këtë'.

- MERYL STREEP

A ndiheni sikur nuk jeni mjaftueshëm të zotë? Gjeje çfarë! Nuk je i vetmi. Një ditë tjetër i shkrova sa vijon një shoku bloger:

"Ka shumë tema për të cilat mund të shkruaj, por tashmë ka kaq shumë libra atje. Ndonjëherë, unë jam si 'Ç' kuptim ka?'"

Ai u përgjigj:

"Unë e di ndjenjën e 'Ç' kuptim ka?' Gjithçka që ia vlen të thuhet tashmë është thënë. Dhe kush jam unë që të shkruaj për këtë gjithsesi?

Çfarë kam arritur deri tani? Ah, mirë... Mendoj se është e natyrshme. Është mirë të dimë se nuk jemi të vetmit që po luftojmë."

Pavarësisht nëse e dini apo jo, miliona njerëz ndihen në të njëjtën mënyrë. Vetëm ndjenja e 'të mos jesh mjaftueshëm i mirë' duhet të ketë vrarë më shumë ëndrra se çdo gjë tjetër. Dhe kush nuk është ndjerë kurrë kështu? Këtu është një listë (jo shteruese) se si u ndjeva në jetën time:

Unë nuk jam një shkrimtar mjaft i mirë

Nuk jam mjaftueshëm karizmatik

Nuk jam mjaftueshëm kompetent

Nuk jam mjaftueshëm i sigurt

Nuk jam mjaftueshëm i guximshëm

Unë nuk jam mjaft i disiplinuar

Nuk jam mjaftueshëm i zoti në të folur në publik

Unë nuk jam mjaftueshëm i pashëm

Nuk po frymëzoj sa duhet

Unë nuk jam mjaft interesant

Nuk po fitoj mjaftueshëm para

Nuk jam mjaftueshëm muskuloz

Nuk kam durim sa duhet

Unë nuk jam mjaft këmbëngulës

Nuk jam mjaftueshëm proaktiv

Unë nuk jam mjaft produktiv

Unë nuk jam mjaftueshëm i zgjuar

Nuk po marr masa të mjaftueshme

Unë nuk jam mjaft i ashpër

Nuk po punoj mjaftueshëm

Anglishtja ime nuk është mjaft e mirë

Japonishtja ime nuk është mjaft e mirë, dhe

Kujtesa ime nuk është mjaft e mirë.

Dhe mund të vazhdoja.

Njerëzit që mendojnë se nuk janë mjaftueshëm të mirë kanë tendencë të kenë vetëbesim të ulët. Ata fokusohen në atë që nuk janë të mirë, ndërsa filtrojnë të gjitha gjërat që ata janë të mirë.

Provoni t'i komplimentoni dhe gjithçka që do të dëgjoni është: "Nuk është gjë e madhe". Më keq, ata madje mund të mendojnë se po tregoheni të sjellshëm ose po përpiqeni t'i manipuloni. Këta njerëz e kanë të vështirë të pranojnë komplimente.

Në vend të një falënderimi të thjeshtë, ata ia kthejnë komplimentin, ose e minimizojnë rolin e tyre.

Ndoshta, ju jeni duke vepruar në të njëjtën mënyrë? Shihni nëse bëni një nga gjërat e mëposhtme kur merrni një kompliment:

1. Hidhni poshtë të gjithë këtë si diçka të madhe: "Kushdo mund ta kishte bërë atë."

2. Flisni për të gjitha gjërat që keni bërë gabim, ndërsa shpjegoni se çfarë mund të kishit bërë më mirë.

3. Mundohuni të ktheni komplimentin: "Faleminderit. Mendoj se ke bërë një punë fantastike gjithashtu."

Vini re paaftësinë tuaj për të pranuar një kompliment qind për qind në tre rastet e mësipërme.

Ju jo vetëm që mund të hiqni dorë nga arritjet tuaja, por gjithashtu të lartësoni çdo dështim tuajin për të përforcuar rastin që nuk jeni të denjë. Ju mbani një listë të gjatë të dështimeve tuaja, duke mos dashur t'i braktisni ato siç i përshtaten historisë suaj. Kush do të ishit nëse nuk do të ishit më burri apo gruaja që nuk është kurrë mjaftueshëm e mirë? Sado e çuditshme të duket, ka diçka të frikshme në këtë. Të paktën, siguria për të mos qenë mjaftueshëm i mirë ju jep njëfarë ngushëllimi.

Imagjinoni se çfarë do të ndodhte nëse e lironi mbajtjen që keni në historinë tuaj, provoni diçka që gjithmonë keni dashur të bëni dhe dështoni. Ajo që dyshonit për një kohë të gjatë do të bëhej e vërtetë: nuk jeni mjaftueshëm të mirë. Ose më keq, çfarë do të ndodhte nëse do të kishit sukses? Si do të përshtatej kjo në historinë tuaj?

Mos harroni, truri juaj është i njëanshëm ndaj negativitetit. Shtimi i paragjykimeve tuaja sigurisht që nuk do t'ju ndihmojë të ndiheni mirë me veten. Fakti është se ju i bëni shumicën e gjërave mirë. Edhe pse mungesa e përvojës, interesit ose talentit mund të shpjegojë pse nuk jeni aq mirë sa do të dëshironit në fusha të caktuara, nuk ka të bëjë fare me faktin se nuk jeni mjaftueshëm 'mirë'.

Si të përdorni ndjenjën e të qenit i pamjaftueshëm për t'u rritur

Të mos ndihesh mjaft mirë është një shenjë e vetëvlerësimit të ulët. Shumë njerëz përjetojnë vetëbesim të ulët në shkallë të ndryshme. Unë sigurisht që e bëj. Për disa, çdo gjë që bëjnë është e pamjaftueshme. Për të tjerët, ata ndihen të papërshtatshëm vetëm në situata ose fusha të caktuara të jetës së tyre. Kudo që të jeni në spektrin e vetëvlerësimit, ndoshta mund të përfitoni nga një rritje në vetëvlerësimin tuaj.

Identifikimi i asaj që shkakton ndjenjat tuaja të pamjaftueshmërisë

Hapi i parë është të zbuloni se çfarë i shkakton këto ndjenja. Me çfarë mendimesh identifikoheni? Cilat fusha të jetës suaj kanë të bëjnë?

Merrni disa minuta për të shkruar sa vijon:

- Situatat në të cilat ndiheni sikur nuk jeni mjaftueshëm të mirë dhe mendimet me të cilat identifikoheni (historia juaj).

Mbani gjurmët e arritjeve tuaja

Hapi i dytë është të mbani gjurmët e arritjeve tuaja. Të mos ndihesh mjaft mirë shpesh rezulton nga pikëpamja e njëanshme që ke për veten. Ju fokusoheni në të metat tuaja, duke mos pranuar sukseset tuaja. Njerëzit me vetëbesim të shëndetshëm priren ta shohin veten në një mënyrë më objektive, duke pranuar të metat dhe pikat e tyre të forta.

Për të përmirësuar vetëvlerësimin tuaj, filloni të pranoni të gjitha gjërat që po bëni mirë. Ushtrimet e mëposhtme do t'ju ndihmojnë ta bëni këtë.

Ushtrimi 1 - Krijo një regjistër fitimesh

Një nga mënyrat më të mira për të pranuar arritjet tuaja është t'i shkruani ato. Për këtë ushtrim, ju inkurajoj të përdorni fletoren tuaj të dedikuar.

1. Së pari, shkruani gjithçka që keni arritur në jetën tuaj. Dilni me një listë me pesëdhjetë gjëra. Nëse ju mbarojnë gjërat, shkruani me të vogla arritjet. Kjo do t'ju ndihmojë të kuptoni se sa shumë keni arritur tashmë.

2. Në fund të çdo dite, shkruani të gjitha gjërat që keni arritur atë ditë. Mund të jenë gjëra të thjeshta si p.sh.

U zgjova në kohë

U ushtrova dhe

Kam ngrënë një mëngjes të shëndetshëm.

Përpiquni të gjeni pesë deri në dhjetë gjëra çdo ditë.

Ushtrimi 2 - Mbusheni kavanozin tuaj të vetëvlerësimit

Një alternativë është të shkruani çdo gjë që keni arritur në copa të veçanta letre dhe t'i vendosni në një kavanoz. Këtu janë disa rekomandime për t'u siguruar që të përfitoni sa më shumë nga ky ushtrim:

- Sigurohuni që kavanozi juaj (ose çdo enë tjetër që përdorni) të jetë në një vend të dukshëm. Vendndodhja më e mirë është ndoshta në tryezën tuaj, vendi i dytë më i mirë është dhoma juaj e gjumit.

- Zgjidhni një enë që ju pëlqen. Zgjidhni një dizajn që ju pëlqen. Gjithçka ka të bëjë me vetëvlerësimin tuaj, kështu që çdo gjë që ju bën të ndiheni mirë është e këshillueshme. Sigurohuni që të jetë transparent në mënyrë që ta shihni duke u mbushur.

- Jepini një emër pozitiv, (p.sh. kavanozi im i vetëvlerësimit, deklarata e dashurisë ndaj vetes etj.).

- Shkruani arritjet tuaja në një letër që ju pëlqen. Për shembull, përdorni ngjyra të ndryshme në mënyrë që kur kavanozi të mbushet, të krijojë diçka të këndshme për syrin. Një ide do të ishte përdorimi i letrës origami. Shkruani me stilolapsin tuaj të preferuar.

Ideja është të tregoni më shumë respekt ndaj vetes duke pranuar arritjet tuaja të shumta.

Ushtrimi 3 - Krijo një ditar pozitiv

Ju gjithashtu mund të krijoni një ditar për të shkruar çdo kompliment që keni marrë atë ditë. Kolegu juaj ju tha që këpucët tuaja duken bukur, shkruani. Shoku juaj ju ka komplimentuar flokët, shkruani. Shefi juaj ju tha se sa mirë keni arritur në një detyrë, shkruani edhe atë. Mos e vini në dyshim sinqeritetin e këtyre komplimenteve. Gjithmonë supozoni se janë të vërteta. Ideja është të stërvitni mendjen tuaj që të fokusohet në gjërat pozitive që ndodhin në jetën tuaj - ato po ndodhin pavarësisht nëse i pranoni apo jo. Ja se si të përfitoni sa më shumë nga ai ushtrim:

- Blini një fletore që ju pëlqen.

- Personalizojeni: Shtoni ngjitëse, vizatoni diçka, shtoni fotografi ose përdorni ngjyra të ndryshme. Nuk doni të bëni ndonjë nga këto gjëra? Kjo është gjithashtu mirë. Është ditari juaj.

- Mbajeni me vete: Mbajeni me vete dhe kërkoni komplimente të reja për t'i shtuar koleksionit tuaj të mrekullueshëm (opsionale).

- Rishikoni atë çdo ditë: Kaloni nëpër shënimet e vjetra dhe falënderoni mendërisht njerëzit që ju kanë komplimentuar. Mund të thuash, "Faleminderit fut emrin, të dua". Mos ngurroni të lexoni hyrjet e vjetra në mëngjes, në mbrëmje ose të dyja (ose sa herë që ju pëlqen). Varet nga ju.

Përsëri, ky është ditari juaj. Këto janë vetëm sugjerime. Çfarëdo që funksionon për ju.

Mësoni të pranoni komplimente

Ka shumë mundësi që të keni vështirësi të pranoni komplimente. A duken të njohura fjalitë e mëposhtme:

Nuk është ndonjë punë e madhe.
Të gjithë mund ta kishin bërë.
Kjo është për shkak se "filani" ju ka ndihmuar.
Mund ta kisha bërë më mirë.

Këtu është një arsye e shkëlqyer pse duhet të pranoni komplimente: sepse personi që ka bërë komplimentin dëshiron që ju ta pranoni atë, dhe jo ta hidhni atë në vrimën e tualetit! Imagjinoni që sapo i keni bërë një dhuratë dikujt. Si do të ndiheni nëse ai person, pasi hap kutinë, e lëshon dhuratën në dysheme, e shkel dhe e hedh? Nuk do të të pëlqejë, apo jo? Mjerisht, kjo është ajo që ne shpesh bëjmë kur marrim një kompliment. Kur ne refuzojmë të pranojmë një kompliment, ne nuk e respektojmë personin që bëri gjithçka për ta dhënë atë. A nuk do të dëshironit që komplimenti juaj të pranohej me gjithë zemër?

Ushtrimi 1 - Pranoni komplimente

Ky ushtrim i thjeshtë do t'ju ndihmojë të pranoni një kompliment. Sa herë që dikush ju komplimenton, thoni sa vijon:

Faleminderit *futni emrin e personit*.

Kjo është. Nuk ka asgjë më të thjeshtë. Jo, "Faleminderit, por...", "Faleminderit edhe ti" ose "Nuk ishte një punë e madhe". Thjesht thuaj, "Faleminderit".

Ja se si të përfitoni sa më shumë nga ai ushtrim:

- *Thuaj faleminderit me zë të lartë dhe qartë.* Ju mund të zbuloni se keni tendencën për të shtypur ndjenjat tuaja dhe të përfundoni duke thënë faleminderit pothuajse mekanikisht. Në fakt, mund të kuptoni se kurrë nuk keni thënë me të vërtetë "Faleminderit", me gjithë zemër.

- *Lëreni të fundoset:* Përpara se të filloni një fjali të re, lini hapësirë që ndjenja e mirënjohjes të shprehet. Mos e minimizoni komplimentin ose mos shpjegoni pse je i denjë (ose i padenjë) për të. Tregojeni ashtu siç e ndjeni: Tregoni vlerësimin tuaj duke i treguar personit që ju ka komplimentuar se si ndiheni. Mund të përjetoni rezistencë. Shumë prej nesh e kanë të vështirë të shprehin mirënjohjen, sepse krenaria jonë na pengon ta bëjmë këtë. Në fund të fundit, ne jemi të fortë dhe nuk kemi nevojë për ndihmën apo komplimentet e askujt, apo jo? Ne nuk duam të ndihemi të pambrojtur. Nëse përjetoni rezistencë dhe e keni të vështirë ushtrimin, pranoni se kjo është normale.

Aftësia juaj për të pranuar një kompliment mund të jetë një tregues i mirë i nivelit tuaj të vetëvlerësimit. Praktikoni pranimin e komplimenteve dhe lejojini vetes të ndiheni të pambrojtur. Pranimi se jeni të denjë për komplimente do t'ju ndihmojë të rritni vetëvlerësimin tuaj.

Ushtrimi 2 - Loja e vlerësimit

Qëllimi i kësaj loje është të mësoni të vlerësoni gjërat në veten tuaj që nuk i keni pranuar më parë (ose nuk i keni pëlqyer). Do të funksionojë mirë nëse keni një partner me të cilin mund ta luani lojën rregullisht. Tregojini partnerit tuaj tre gjëra që vlerësoni tek ai dhe kërkojini atij të bëjë të njëjtën gjë. Bëhuni sa më specifik që të jetë e mundur dhe mos u shqetësoni për gjëra të mëdha. Ketu jane disa shembuj:

· *E vlerësoj që përgatite mëngjesin këtë mëngjes edhe pse ishe me nxitim.*

· *Unë e vlerësoj që i morët fëmijët sot.*

· *E vlerësoj mënyrën se si i dëgjon gjithmonë problemet e mia pas punës.*

Për të shkuar më tej:

Vetëvlerësimi është një temë komplekse. Prek shumë njerëz dhe shpesh keqkuptohet. Tejkalimi i vetëvlerësimit të ulët kërkon kohë dhe përpjekje. Nëse ndiheni rregullisht se nuk jeni mjaftueshëm të mirë, ju inkurajoj t'i referoheni librave të mëposhtëm. Nëse, me leximin e këtyre librave, kuptoni se keni probleme të rënda dhe kronike të vetëvlerësimit, mund të dëshironi të konsultoheni me një specialist.

· Gjashtë shtyllat e vetëvlerësimit, nga Nathaniel Branden, PhD. Thyerja e zinxhirit të vetëvlerësimit të ulët, nga Marilyn Sorensen, PhD.

· **Vetëvlerësim i ulët: i keqkuptuar dhe i diagnostikuar: Pse mund të mos gjeni ndihmën që ju nevojitet**, nga Marilyn Sorensen, PhD.

Më poshtë është një përmbledhje e shkurtër e disa prej ideve kryesore në secilin libër:

Në librin e tij, *Gjashtë Shtyllat e Vetëvlerësimit*, Nathaniel Branden, identifikoi gjashtë praktika (ose shtylla) të vetëvlerësimit mbi të cilat mund të punoni për të zhvilluar një vetëvlerësim më të shëndetshëm:

1. Të jetosh me vetëdije: Sipas fjalëve të Nathaniel Branden, "të jetosh me vetëdije do të thotë të kërkosh të jesh i vetëdijshëm për gjithçka që lidhet me veprimet, qëllimet, vlerën dhe qëllimet tona - në masën më të mirë të aftësisë sonë, cilado qoftë ajo aftësi - dhe të sillesh në përputhje me atë. që ne e shohim dhe e dimë."

2. Vetë-pranimi: Është zgjedhja për të vlerësuar veten, për të trajtuar veten me respekt dhe për të mbrojtur të drejtën tuaj për të ekzistuar. Vetë-pranimi është baza mbi të cilën zhvillohet vetëvlerësimi.

3. Vetë përgjegjësia: Po kupton se askush nuk po vjen të të shpëtojë dhe ti je përgjegjës për jetën tënde. Është të pranosh që ti je përgjegjës për zgjedhjet dhe veprimet e tua. Ju jeni përgjegjës për mënyrën se si e përdorni kohën tuaj dhe për lumturinë tuaj. Sepse vetëm ju mund ta ndryshoni jetën tuaj.

4. Vetë-pohimi: Do të thotë të respektosh dëshirat, nevojat dhe vlerat e tua dhe të kërkosh forma të përshtatshme të shprehjes së tyre në realitet.

5. Të jetosh me qëllim: Është të përdorni fuqitë tuaja për të arritur qëllimet që keni zgjedhur. Me fjalë të tjera, është aftësia juaj për të vendosur dhe arritur qëllime në çdo fushë të jetës tuaj.

6. *Integriteti personal:* Po sillet në një mënyrë që përputhet me idealet, bindjet dhe bindjet tuaja. Është kur mund ta shikoni veten në pasqyrë dhe të dini se po bëni gjënë e duhur.

Në Thyerja e zinxhirit të vetëvlerësimit të ulët, Marilyn Sorensen ofron një përmbledhje të madhe të asaj që është vetëvlerësimi dhe si funksionon. Autori shpjegon se vetëvlerësimi i ulët buron nga perceptimi negativ që keni për veten - një perceptim që bazohet kryesisht, nëse jo tërësisht, në interpretimet tuaja negative të përvojave të kaluara. Ky perceptim i shtrembëruar i realitetit ju bën të përjetoni frikë dhe ankth. Mjedisi juaj familjar mund të ketë luajtur një rol të madh. Ndoshta, prindërit tuaj ju kanë poshtëruar vazhdimisht, duke ju bërë të ndiheni sikur asgjë që keni bërë nuk ishte mjaft e mirë.

Tani mund të besoni me vendosmëri se jeni më pak të denjë se të tjerët. Si rezultat, ju filtroni gjithçka bazuar në këtë imazh negativ për veten tuaj. Është sikur po e shikoje realitetin me syze të lyer; gota që hedhin poshtë lavdërimet dhe komplimente, duke kujtuar vetëm kritikat.

Shembujt në librat e saj do t'ju ndihmojnë të kuptoni se si shfaqen çështjet e vetëvlerësimit në jetën reale. Përveç kësaj, zonja Sorensen ofron dhjetëra ushtrime praktike për t'ju ndihmuar të bëheni më të vetëdijshëm për çështjet tuaja të vetëvlerësimit dhe t'ju ofrojë mjetin për të zhvilluar një vetëvlerësim më të shëndetshëm.

21

TË QENIT NË MBROJTJE

Dashuria jonë për të qenë të drejtë kuptohet më së miri si frika për të qenë të gabuar.

- KATHRIN SHULZ, GAZETARE DHE AUTORE.

A e justifikoni veten vazhdimisht? Jeni ofenduar sa herë që dikush ju fyen apo nuk ju respekton?

Ka arsye shumë specifike përse jeni në mbrojtje. Duke u bërë i vetëdijshëm për këto arsye, do të mësoni shumë për veten dhe do të jeni në gjendje të hiqni dorë nga dëshira për të mbrojtur veten. Së pari, le të shohim se pse jeni në mbrojtje.

Pse jeni në mbrojtje

Nevoja për të mbrojtur veten buron nga dëshira juaj për të mbrojtur historinë tuaj (ose egon tuaj). Sa herë që egoja juaj kërcënohet, ju nxiteni dhe ndjeni nevojën për ta mbrojtur atë. Unë besoj se ka tre arsye kryesore pse ju jeni të shkaktuar.

1. Ka një pjesë të së vërtetës në atë që ju është thënë.

2. Ju besoni se ka një pjesë të së vërtetës në atë që ju është thënë.

3. Një besim thelbësor që ju mbani është sulmuar.

Vini re se për shkak se ne të gjithë kemi histori të ndryshme, ajo që ju shkakton mund të mos shkaktojë dikë tjetër.

1. Ka një pjesë të së vërtetës në atë që ju është thënë

Dikush përmendi diçka që është e vërtetë për ty dhe të dhemb. Për shembull, ai ose ajo mund t'ju akuzojë për zvarritje të një projekti të caktuar. Paaftësia juaj për ta pranuar atë të vërtetë është arsyeja që ju bëheni mbrojtës. Kur ngrihet kjo temë, ajo shkakton reagime emocionale si zemërimi, mohimi ose vetëkritika.

2. Ju besoni se ka një pjesë të së vërtetës në atë që ju është thënë

Ju është thënë diçka që besoni se është e vërtetë dhe ndiheni të lënduar. Në këtë rast, kritikat që keni marrë mund të jenë të pabaza. Megjithatë, ju ende ndiheni të lënduar. Pse eshte ajo? Kjo ndodh sepse ajo që ju është thënë konfirmon besimet zhgënjyese që mbani për veten tuaj. Për shembull, le të themi se besoni se nuk jeni mjaftueshëm të mirë. Ky besim ju shtyn të punoni më shumë se kushdo tjetër. Tani, si do të ndiheshit nëse dikush do t'ju akuzonte se jeni dembel? Do të ndiheshit të ofenduar, apo jo? Megjithatë, kjo nuk do të jetë për shkak se ju jeni në të vërtetë dembelë, por për shkak të besimit tuaj se duhet të punoni më shumë.

3. Një nga besimet tuaja thelbësore është sulmuar

Dikush sulmon drejtpërdrejt ose tërthorazi një nga besimet tuaja thelbësore dhe ju ndjeni nevojën për të mbrojtur veten. Ky mund të jetë një besim fetar, një besim politik ose një besim më i përgjithshëm për botën ose veten. Sa më i lidhur të jeni me këtë besim, aq më i fortë do të jetë reagimi juaj emocional. Këtu është një shembull i shkëlqyer:

Për shkak se ata besonin se Donald Trump ishte i keq, disa liberalë patën reagime të forta emocionale pasi ai u zgjodh president. Disa bërtisnin dhe madje u bënë të dhunshëm. Nga ana tjetër, shumë konservatorë ishin të kënaqur nga fitorja e Trump.

Si ka mundësi që njerëzit të reagojnë kaq ndryshe ndaj të njëjtës ngjarje? Kjo është për shkak të besimeve të tyre thelbësore. Si demokratët ashtu edhe republikanët identifikohen fuqishëm me bindjet e tyre politike. Kjo bëri që demokratët e fortë të shpërthyen në lot dhe republikanët e fortë të gëzohen.

Sa herë që një besim me të cilin jeni lidhur fort sulmohet ose sfidohet, do të përjetoni një reagim emocional. Sa më i thellë të jetë besimi, aq më i fortë do të jetë reagimi emocional kur ai sulmohet. Një shembull ekstrem do të ishte dikush i gatshëm të vrasë këdo që guxon të kritikojë fenë e tij/saj.

Si ta përdorni këtë emocion për t'u rritur

Shikoni situatat që ju shkaktojnë. Sa herë që ndiheni të ofenduar, pyesni veten pse. Cili besim ju shtyu të mbroheni? A mund ta lini këtë besim? Dhe a është vërtet i vërtetë ky besim?

Duke bërë këtë, do të mësoni shumë për veten tuaj. Ju do të jeni në gjendje të hiqni dorë nga besimet që nuk po ju shërbejnë mirë dhe do të kuptoni se, në shumicën e rasteve, nuk keni nevojë as të mbroheni.

22

STRESI DHE SHQETËSIMET

Brenda çdo shqetësimi është një mundësi për veprim pozitiv. Në çdo gënjeshtër, ka një bërthamë të së vërtetës. Pas çdo simptome neurotike qëndron dëshira e gabuar për të jetuar plotësisht dhe mirë.

- DAVID K. REYNOLDS, JETE KONSTRUKTIVE.

A keni menduar ndonjëherë se çfarë është stresi dhe pse e përjetoni atë?

Shumica e njerëzve besojnë se një situatë mund të jetë stresuese. E vërteta është se stresi nuk ekziston jashtë vetes dhe, për rrjedhojë, asnjë situatë nuk mund të thuhet se është stresuese në vetvete. Megjithatë, supozimi im është se ju përjetoni stres në baza të rregullta. Dhe ndoshta më shpesh sesa do të dëshironit.

Vetëm stresi është përgjegjës për dhjetëra mijëra vdekje çdo vit. Stresi bën më shumë dëm se shumë sëmundje dhe lë familje të panumërta të pikëllojnë humbjen e një njeriu të dashur. Kjo është arsyeja pse është thelbësore që të ndërmerrni hapa aktivë drejt reduktimit të niveleve tuaja të stresit.

Marrja e përgjegjësisë për stresin tuaj

Stresi është diçka mbi të cilën keni njëfarë kontrolli dhe, për këtë arsye, duhet të merrni përgjegjësi. Sa më shumë të merrni përgjegjësinë për të, aq më mirë do të jeni në gjendje ta zvogëloni atë.

Stresi ndodh për arsye të ndryshme dhe manifestohet në situata të shumta. Bllokimi i trafikut në rrugën tuaj për në punë, një prezantim biznesi, tensionet me shefin ose mosmarrëveshjet e shpeshta me bashkëshortin tuaj, përbëjnë të gjitha burime të mundshme stresi. Ka dy mënyra për të reduktuar stresin:

1. Duke shmangur situatat që i perceptoni si stresuese dhe duke u bërë më të mirë në përballimin e situatave stresuese.

2. Do të shohim se si mund t'i përdorni këto metoda për të ulur nivelet e stresit.

Si mund ta përdorni stresin për t'u rritur
Ushtrimi - Bëni një listë të burimeve tuaja kryesore të stresit

Le të shohim situata specifike që janë burime stresi për ju. Duke përdorur fletoren e punës, shkruani se çfarë shkakton më shumë stres në javën tuaj të zakonshme. Dilni me të paktën dhjetë gjëra.

Riformulimi i stresit

Emocionet lindin si rezultat i interpretimit tuaj të ngjarjeve. Thjesht fakti që përjetoni stres (ose ndonjë emocion tjetër) do të thotë që ju i keni shtuar interpretimin tuaj asaj që po ndodh. Përndryshe, do të kishit një jetë pa stres.

Tani, shikoni listën tuaj të situatave stresuese. Për çdo situatë bëni vetes pyetjet e mëposhtme:

- A është ajo situatë stresuese në vetvete?
- Çfarë duhet të besoj për të përjetuar stres në atë situatë specifike?
- Çfarë duhet të besoj për të reduktuar ose hequr stresin në atë situatë të veçantë?

Le të themi se jeni ngecur në një bllokim trafiku dhe ju duket stresues. A është ajo situatë stresuese në vetvete?
Jo, jo domosdoshmërisht. Bllokimi i trafikut ekziston dhe nuk ka asgjë të keqe me të, në vetvete.

Çfarë duhet të besoj për të përjetuar stres në atë situatë specifike?

Do të më duhej të besoja:

Nuk duhet të ketë bllokime trafiku, dhe për këtë arsye, diçka nuk është në rregull.
Bllokimi i trafikut është një ngjarje stresuese në vetvete.
Unë duhet të jem aty ku duhet të shkoj, në vend që të ngelem në trafik.
Unë mund të bëj diçka për të.

Çfarë duhet të besoj për të reduktuar/hequr stresin në atë situatë të veçantë?

Do të më duhej të besoja se:

Një bllokim trafiku është një ngjarje normale si çdo gjë tjetër.
Unë nuk duhet domosdoshmërisht të përjetoj stres vetëm sepse jam bllokuar në trafik.
Këtu jam kapur në një bllokim trafiku dhe nuk kam nevojë të jem atje (kudo që dua të shkoj), për një kohë.
Nuk mund të bëj asgjë për këtë, kështu që mund ta shijoj, ose të paktën të mos stresohem për të.

Ballafaqimi me shqetësimin

Shqetësimi ndryshon nga stresi pasi nuk është rezultat i diçkaje që përjetoni në të tashmen, por një shqetësim që keni në lidhje me ngjarjet nga e kaluara ose ngjarjet që mund të ndodhin në të ardhmen. Ju përjetoni stres kur përballeni me një situatë stresuese në momentin aktual.

Për shembull, një situatë stresuese do të ishte të ngecesh në një bllokim trafiku ose të bësh shefin të bërtas me ty. Shqetësuese do të ishte kujtimi (e kaluara) ose duke parashikuar/imagjinuar këto situata stresuese (të ardhmen). Është interesante se shumica e shqetësimeve tuaja janë të panevojshme për arsyet e mëposhtme:

Ato kanë ndodhur në të kaluarën dhe nuk ka absolutisht asgjë që mund të bësh për to, dhe/ose
Ato mund të ndodhin në të ardhmen dhe ju nuk mund ta kontrolloni të ardhmen.

Ushtrimi – Bëni një listë të shqetësimeve tuaja

Bëni një listë të gjërave për të cilat shqetësoheni (e kaluara ose e ardhmja). Ato mund të jenë të ngjashme me gjërat që keni shkruar në ushtrimin e mëparshëm. Shembuj të gjërave për të cilat mund të shqetësoheni janë:

Shëndeti juaj
Situatat tuaja financiare

Puna juaj
Marrëdhëniet tuaja dhe/ose
Familja.

Tani, shkruani të paktën dhjetë gjëra për të cilat prireni të shqetësoheni në një javë të zakonshme.

Duke zgjidhur shqetësimet tuaja

Shqetësimi i vazhdueshëm rezulton nga përpjekja për të kontrolluar ngjarjet mbi të cilat nuk keni kontroll. Kur e bëni këtë, krijoni stres të panevojshëm në jetën tuaj. Për të përballuar stresin dhe për të kapërcyer shqetësimet kronike në mënyrë më efektive, është thelbësore që të mësoni të zgjidhni shqetësimet. Një mënyrë efektive për ta bërë këtë është të ndani gjërat mbi të cilat keni kontroll nga gjërat mbi të cilat nuk keni kontroll. Ju mund t'i ndani shqetësimet tuaja në tre kategori të veçanta:

1. *Gjërat mbi të cilat keni kontroll*

2. *Gjërat mbi të cilat keni pak kontroll* dhe

3. Gjërat mbi të cilat nuk keni asnjë kontroll.

1. Gjërat mbi të cilat keni kontroll:

Kjo kategori përfshin gjëra të tilla si veprimet dhe sjelljet tuaja. Për shembull, ju mund të zgjidhni çfarë të thoni dhe si ta thoni atë. Ju gjithashtu mund të vendosni se çfarë veprimesh do të ndërmerrni për të arritur qëllimet tuaja.

2. Gjërat mbi të cilat keni pak kontroll:

Ka gjëra mbi të cilat keni vetëm kontroll të kufizuar, të tilla si një konkurs ose një intervistë pune. Ju nuk mund të jeni absolutisht i sigurt se do të fitoni një ndeshje tenisi, por ju keni njëfarë kontrolli mbi rezultatin e saj. Për shembull, ju mund të zgjidhni të stërviteni më shumë ose të punësoni një trajner të madh. Në mënyrë të ngjashme, ju mund të përgatiteni për një intervistë pune duke kryer kërkime të gjera në lidhje me kompaninë ku aplikoni, ose duke bërë një intervistë tallëse. Megjithatë, ju nuk keni kontroll absolut mbi rezultatin e intervistës.

3. Gjërat mbi të cilat nuk keni kontroll:

Fatkeqësisht, ka edhe shumë gjëra mbi të cilat nuk keni kontroll.

Këto janë gjëra të tilla si moti, ekonomia ose bllokimet e trafikut.

Ushtrimi - Zgjidhini shqetësimet tuaja

Shikoni listën tuaj të situatave stresuese. Pranë çdo artikulli, vendosni C (kontroll), SM (Disa kontroll) ose NC (Pa kontroll). Ky veprim i thjeshtë i zgjidhjes së shqetësimeve tuaja tashmë ndihmon në uljen e tyre. Ndërsa identifikoni gjërat mbi të cilat nuk keni kontroll, mund të hiqni dorë nga dëshira për t'u shqetësuar.

Tani, për gjërat mbi të cilat keni (disa) kontroll, shkruani se çfarë mund të bëni për këtë. Çfarë veprimesh konkrete mund të ndërmerrni për t'i lehtësuar ato?

Për gjërat mbi të cilat nuk keni kontroll, a mund të hiqni dorë nga nevoja juaj për t'i kontrolluar ato dhe, në vend të kësaj, t'i pranoni ato?

Marrja e përgjegjësisë qind për qind për stresin dhe shqetësimet tuaja

Po sikur të kishit më shumë kontroll mbi shqetësimet tuaja sesa besoni? Shikoni situatat mbi të cilat nuk keni kontroll dhe pyesni veten: "Nëse do të kisha kontroll mbi to, çfarë do të bëja? Si do të dukej? Dhe si mund t'i parandaloja ato që të ndodhin?"

Shpesh, do të kuptoni se keni njëfarë kontrolli mbi këto situata. Kjo mund të jetë duke i ndryshuar, riformuluar ose eliminuar ato nga jeta juaj.

Le të themi se i keni identifikuar bllokimet e trafikut si diçka mbi të cilën nuk keni kontroll. Kjo tingëllon e arsyeshme. Pasi të jeni kapur në bllokimin e trafikut, nuk mund të bëni shumë për këtë. Por, a mund t'i bëni gjërat ndryshe? Për shembull, a mund të largohesh nga shtëpia më herët ose të marrësh një rrugë tjetër?

Po në lidhje me riformulimin e situatës? Në vend që t'i shpëtoni mendërisht situatës, mund të zgjidhni të jeni plotësisht të pranishëm duke i bërë bllokimet e trafikut një pjesë produktive të ditës suaj. Më pas mund ta shfrytëzoni sa më shumë duke dëgjuar libra audio. Imagjinoni sa shumë mund të mësoni nëse dëgjoni libra audio çdo ditë pune për një vit të tërë.

Shkoni mbi listën tuaj dhe kërkoni gjëra mbi të cilat nuk keni kontroll. Shkruani se çfarë mund të bëni për të ndryshuar, riformuluar ose eliminuar këto ngjarje.

23

SHQETËSIMI SE ÇFARË MENDOJNË NJERËZIT PËR TY

E si mund t'ju dëmtojë mendimi i tjetrit për ju? Është mendimi juaj për mendimin e tij që dëmton. Ndryshoni mendimin tuaj.

- *VERNON HAUARD, PUSHTETI I SUPERMENDJES.*

Jeni tepër të vetëdijshëm? Në këtë seksion, unë do të shpjegoj pse ju intereson kaq shumë se çfarë mendojnë njerëzit për ju dhe çfarë mund të bëni për të lehtësuar situatën.

Ju jeni personi më i rëndësishëm në botë

Së pari, kuptoni se jeni personi më i rëndësishëm në botë. Nëse nuk më besoni, mbani mend herën e fundit që keni ndjerë dhimbje të forta. Ndoshta, ishte dhimbje dhëmbi ose operacion, ose ndoshta, ju theu këmbën në një aksident. Çfarë po mendonit atëherë? A ishit të shqetësuar për urinë në Afrikë? A u shqetësove për njerëz të pafajshëm që vriten në luftërat në Lindjen e Mesme?

JO!

E vetmja gjë që dëshironi është që dhimbja të largohet. Kjo sepse ju jeni personi më i rëndësishëm në botë. Meqenëse duhet të jetoni me veten 24/7, është normale të shqetësoheni për mirëqenien tuaj mendore dhe fizike.

Ju duhet të kuptoni se e njëjta gjë vlen për çdo njeri tjetër në planet. Për mua, ju nuk jeni personi më i rëndësishëm në botë - unë jam. Dhe, nga këndvështrimi i tyre, të tillë janë edhe miqtë tuaj të ngushtë, anëtarët e familjes dhe kolegët.

Për shkak se jetoni me veten 24/7, supozoni gabimisht, shpesh në mënyrë të pavetëdijshme, njerëzit mendojnë për ju shumë më shpesh sesa në të vërtetë. Në fakt, në pjesën më të madhe, njerëzit nuk kujdesen për ju. Edhe pse mund të tingëllojë dëshpëruese, në fakt është çliruese. Do të thotë që nuk duhet të shqetësoheni aq shumë se çfarë mendojnë njerëzit për ju.

Siç thotë thënia e famshme:

Kur jeni njëzet vjeç, ju intereson se çfarë mendojnë të gjithë, kur jeni dyzet, ju ndaloni së interesuari se çfarë mendojnë të gjithë, dhe kur jeni gjashtëdhjetë, kuptoni se askush nuk ka menduar ndonjëherë për ju në fillim.

Ndërsa ju mbani shënim të gjitha gabimet tuaja dhe momentet e vështira, askush tjetër nuk i bën. Njerëzit janë thjesht shumë të zënë duke u shqetësuar për veten e tyre. Me pak fjalë, njerëzit nuk:

- *Mbajnë mend gjurmët e dështimeve tuaja të së kaluarës*
- *Lexojnë gjithçka që postoni në rrjetet sociale*
- *Mbajnë mend momentet tuaja të vështira*
- *Mendojnë për ju (shumë shpesh), ose*
- *Kujdesen për ju aq sa kujdeseni për veten tuaj.*

Jo të gjithë do t'ju duan

Ju intereson se çfarë mendojnë të tjerët për ju, sepse dëshironi që ata t'ju miratojnë. Ju supozoni se mënyra më e mirë për ta bërë këtë është të shmangni bërjen e valëve. Si rezultat, ju mund të kaloni gjithë jetën tuaj duke u përpjekur të jeni personi i përsosur, duke shpresuar që të të duan.

Megjithatë, zakonisht nuk funksionon. Pavarësisht se sa i shkëlqyer jeni, disa njerëz nuk do t'ju pëlqejnë. Ju mund të përpiqeni të 'rregulloni' imazhin që njerëzit kanë për ju, por as kjo nuk do të funksionojë. Njerëzit do t'ju shohin akoma ashtu siç duan, për shkak të vlerave dhe besimeve të tyre.

Kështu, nëse e bazoni vetëvlerësimin tuaj në atë që njerëzit mendojnë për ju, do të jeni gjithmonë në mëshirën e miratimit të të tjerëve. Çfarë do të ndodhë nëse ata papritmas nuk ju miratojnë? Fatkeqësisht, asnjë sasi e miratimit të jashtëm nuk do të kompensojë mungesën e vetë-miratimit.

Duke u përpjekur kaq shumë për t'u dashur nga të gjithë, rrezikoni të jetoni një jetë të mërzitshme në të cilën nuk jeni në gjendje të shprehni personalitetin tuaj. Do të përfundoni duke imituar miqtë tuaj, duke i kënaqur të gjithë rreth jush, por duke harruar të kënaqni personin më të rëndësishëm në botë - ju.

Ajo që njerëzit mendojnë për ju nuk është puna juaj

Ju nuk jeni përgjegjës për mendimet e njerëzve. Në fakt, ajo që njerëzit mendojnë për ju nuk është puna juaj. Detyra juaj është të shprehni personalitetin tuaj në mënyrën më të mirë që mundeni, duke pasur qëllimin më të pastër të mundshëm. Me pak fjalë, përgjegjësia juaj është të bëni më të mirën për të qenë vetvetja juaj e vërtetë. Atëherë, njerëzit mund t'ju pëlqejnë ose jo, dhe sidoqoftë kjo është mirë. Mbani mend, njerëzit më me ndikim si presidentët, shtetarët dhe gratë, vendet shpesh urrehen nga miliona.

Prandaj, mos e bëni si misionin tuaj personal ndryshimin e imazhit të njerëzve për ju. Njerëzit kanë të drejtë në besimet dhe vlerat e tyre dhe kanë të drejtë të mos ju pëlqejnë. Ata janë të lirë të interpretojnë veprimet dhe sjelljet tuaja përmes filtrit të tyre. Një pjesë e rritjes suaj personale është të pranoni se nuk duhet të jeni të pëlqyer nga të gjithë, dhe më në fund, mund të jeni vetvetja.

Si ta përdorni këtë emocion për t'u rritur

Të jesh tepër i vetëdijshëm do të thotë:

1. Ju keni një pikëpamje të shtrembëruar për mënyrën se si njerëzit ju perceptojnë, dhe
2. Jeni të lidhur me një vetë-imazh që dëshironi të mbroni.

Për të mos qenë kaq i vetëdijshëm, duhet t'i adresoni këto dy pika.

Ndryshoni interpretimin tuaj të mënyrës se si njerëzit ju perceptojnë

Për t'u kujdesur më pak për atë që njerëzit mendojnë për ju, është thelbësore që ju të ripërcaktoni marrëdhëniet tuaja me njerëzit e tjerë. Kjo nënkupton të kuptuarit se:

Në përgjithësi, njerëzit nuk kujdesen për ju, dhe Ju nuk kujdeseni për njerëzit.

Ushtrimi 1 - Kuptoni se njerëzit nuk u interesojnë

Ky ushtrim do t'ju ndihmojë të kuptoni në një nivel të thellë, shumica e njerëzve nuk shqetësohen vërtet për ju.

· Zgjidhni një person që njihni. Mund të jetë një mik, një i njohur ose një koleg.

· Pyesni veten se sa shpesh mendoni për atë person në jetën tuaj të përditshme.

· Tani, vendoseni veten në vendin e atij personi. Sa e imagjinoni se ai ose ajo mendon për ju gjatë një dite mesatare? Sa e mban ai ose ajo atë që bëni apo thoni? Çfarë mendoni se ai ose ajo po shqetësohet tani? Përsëriteni këtë proces me të paktën dy persona të tjerë.

Ndërsa bëni këtë ushtrim, ndoshta do të kuptoni se njerëzit e tjerë janë thjesht shumë të zënë për të menduar shpesh për ju. Në fund të fundit, ata jetojnë me veten 24/7. Në sytë e tyre, ata janë personi më i rëndësishëm në botë. Jo ju. Dhe kjo është vetëm për t'u pritur.

Ushtrimi 2 - Kuptoni se nuk ju intereson

Nuk shqetësohesh as për të tjerët. Ushtrimi i mëposhtëm do t'ju bëjë të kuptoni këtë.

- Kaloni gjatë ditës tuaj dhe përpiquni të mbani mend të gjithë njerëzit që keni takuar ose me të cilët keni bashkëvepruar. Mund të jenë kamarierja ose klientët në restorantin ku keni drekuar, njerëzit që keni parë në rrugë etj.
- Pyesni veten se sa keni menduar për këta njerëz përpara këtij ushtrimi. Ju ndoshta nuk keni menduar fare për to, apo jo?

Siç mund ta shihni, nuk keni vërtet kohë për t'u shqetësuar për njerëzit e tjerë. Shumicën e kohës ju shqetësoheni vetëm për veten tuaj. Nuk do të thotë se nuk keni dhembshuri ose jeni një hov egoist. Ti thjesht je njeri.

Mos u lidhni tepër me vetë-imazhin tuaj

Nëse jeni tepër të vetëdijshëm, ka shumë mundësi që të shqetësoheni shumë për mënyrën se si njerëzit ju perceptojnë. Ndoshta ju dëshironi miratimin e tyre ose keni frikë se do t'ju gjykojnë. Është thelbësore që të mësoni të hiqni dorë nga ky imazh për veten.

Ushtrimi - Hiqni dorë nga imazhi juaj për veten

- Shkruani të gjitha gjërat për të cilat keni frikë të gjykoheni: Ndoshta shqetësoheni për pamjen tuaj, ose keni frikë të thoni diçka marrëzi.

- Shkruani pse ju intereson: Cila është çështja këtu? Çfarë imazhi po përpiqeni të mbroni? A besojnë njerëzit se jeni të zgjuar dhe keni frikë se nuk mund t'i përshtateni këtij imazhi? Keni frikë të refuzoheni si rezultat i të thënit diçka të gabuar?

Ky ushtrim do të ndërgjegjësojë gjërat për të cilat jeni duke u shqetësuar dhe do t'ju ndihmojë t'i trajtoni ato. Përveç kësaj, mos harroni të plotësoni ushtrimet e përmendura në seksionin "Lëshoni emocionet tuaja".

Së fundi, mbani mend se njerëzit gjithmonë do t'i interpretojnë fjalët dhe veprimet tuaja bazuar në vlerat dhe besimet e tyre. Prandaj, për ta lënë personalitetin tuaj të shkëlqejë, ju nuk keni zgjidhje tjetër veçse t'i lejoni ata t'ju shohin në çdo mënyrë që ata dëshirojnë.

24

ZEMËRIMI

Edhe nëse nuk mund t'i duam armiqtë tanë, të paktën të duam veten. Le ta duam veten aq shumë sa të mos i lejojmë armiqtë tanë të kontrollojnë lumturinë, shëndetin dhe pamjen tonë.

- DEIL KARNEXHI, SI TË MOS BRENGOSEMI DHE TË FILLOJMË TË JETOJMË.

Kur ju zemëroni njerëzit, jeni të zemëruar me ta sepse ata nuk u sollën ashtu siç dëshironit. Ndoshta ata i thyen premtimet e tyre, ose ndoshta nuk ju dhanë atë që prisnit prej tyre. Ndoshta keni besuar se ju kanë borxh diçka, por ata nuk ia kanë dalë mbanë?

Inati shpesh krijohet kur nuk arrini të komunikoni në mënyrë efektive me njerëzit për të cilët keni inat. Kjo do të thotë, kur nuk u tregove atyre se ndiheshe i lënduar, ose nuk i komunikuat nevojat dhe dëshirat tuaja, duke supozuar se ato do t'i plotësonin natyrshëm. Mund të rritet gjithashtu kur i shprehët ndjenjat tuaja, por nuk mund t'i lini ato dhe të falni. Siç ka thënë dikur Nelson Mandela, "Inati është si të pish helm dhe më pas të shpresosh se do të vrasë armiqtë e tu". Thjesht nuk funksionon.

Ndaj njerëzve

Si me çdo emocion tjetër, intensiteti i pakënaqësisë do të rritet duke ndjekur formulën: interpretim + identifikim + përsëritje = emocione të forta.
Mund të fyesh dikë me vite për një ngjarje mjaft të parëndësishme bazuar në:

· Interpretimi juaj i ngjarjes

· Identifikimi juaj me historinë që po i tregoni vetes për të dhe/ose

· Numri i herëve që përsëritni ngjarjen në mendjen tuaj.

Le të themi se një nga miqtë tuaj 'ju tradhtoi' duke mos ju ftuar në një festë. Në mendjen tuaj, miku juaj ju tradhtoi vërtet dhe ju e zemëroni shumë për këtë. Ju nuk mund të ndaloni së menduari: "Si mund ta bënte atë mua?" Mendimi të konsumon për javë të tëra dhe vendos të ndërpresësh lidhjet me të. Muaj më vonë ju jeni ende të zemëruar me të. Vini re se ngjarja në vetvete nuk është shqetësuese. Ajo që krijon pakënaqësi është interpretimi juaj i ngjarjes.

Tani, a ka mundësi që interpretimi juaj të ketë qenë i gabuar? Po sikur shoku juaj të supozonte se nuk do t'ju pëlqente festa? Po sikur të mendonte se jeni shumë i zënë? Sigurisht, ai duhet të paktën të të kishte ftuar, por askush nuk është i përsosur. Nëse do të linit mënjanë interpretimin tuaj dhe do të përballeshit me të në atë kohë, ndoshta gjërat do të kishin shkuar ndryshe.

Rreziku për të lejuar që pakënaqësia të rritet

Shpesh, ajo që i shton benzinë zjarrit është paaftësia ose mosgatishmëria juaj për t'u përballur me njerëzit për të cilët keni inat. Në vend të kësaj, ju vazhdoni të rishikoni në mendjen tuaj atë që (mendoni) ka ndodhur.

Si rezultat, pakënaqësia juaj bëhet më e fortë me kalimin e kohës. Kjo është veçanërisht e vërtetë nëse bashkëveproni rregullisht me njerëz për të cilët keni zemërim.

Si të përdorni pakënaqësinë për t'u rritur

Zemërimi ndodh kur nuk jeni në gjendje të falni dhe të vazhdoni jetën tuaj. Është rezultat i të qenit i lidhur me atë që ishte në të kaluarën në vend që të fokusohesh në atë që mund të jetë në të ardhmen. Kur përjetoni pakënaqësi, ju jepet një mundësi për të mësuar se si të falni dhe të hiqni dorë dhe, më e rëndësishmja, si ta doni veten.

Zemërimi është këtu për t'ju thënë se duhet ta doni veten dhe të vlerësoni paqen tuaj mendore më shumë se çdo gjë tjetër. Paqja juaj mendore duhet të bëhet më e rëndësishme sesa të keni të drejtë, të hakmerreni ose të urreni dikë tjetër. Shkurtimisht, lëvizja përtej pakënaqësisë do të thotë t'i bësh një deklaratë dashurie vetes, në mënyrë që të mund të ecësh përpara, ndërsa, në të njëjtën kohë, të tregosh dhembshuri për të tjerët.

Duke dashur veten

Duke perifrazuar fjalët e Nelson Mandelës, pakënaqësia është një helm që keni pranuar ta pini. Zemërimi janë barërat e këqija që ju lejoni të rriten në kopshtin tuaj. Kur përjetoni pakënaqësi, ju besoni se diçka për të cilën kishit të drejtën legjitime ju është marrë padrejtësisht. Për shembull, mund të jetë besimi, respekti ose dashuria e dikujt tjetër. Si rezultat, ju ndiheni sikur jeni sulmuar personalisht.

Pakënaqësia do të ekzistojë për sa kohë që nevoja juaj për të qenë të drejtë dhe për t'u marrë në rregull është më e rëndësishme se qetësia juaj e mendjes. Ajo do të vazhdojë të rritet për sa kohë që ju vazhdoni të ushqeni emocionet me mendimet e pakënaqësisë. Dhe do të mbetet për aq kohë sa ju e shtypni atë. Kjo është arsyeja pse është e rëndësishme që të vendosni paqen tuaj mendore një përparësi dhe të mësoni të falni të tjerët, si dhe veten tuaj.

Duke dashur të tjerët

Aftësia juaj për të çliruar pakënaqësinë është e lidhur me nivelin tuaj të dhembshurisë. Sa më i dhembshur të jeni, aq më lehtë do të jetë të hiqni dorë nga inati. Një gjë e rëndësishme për të kuptuar është se njerëzit gjithmonë veprojnë bazuar në nivelin e tyre të vetëdijes (ose pavetëdijes). Ju mund të dëshironi që dikush të kishte vepruar ndryshe ndaj jush, por nëse ai ose ajo nuk e bëri, ndoshta është për shkak se ai ose ajo nuk ishte në gjendje ta bënte këtë.

Kështu, në vend që të thuhet se njerëzit janë të mirë apo të këqij, është më e saktë të thuhet se janë ose të vetëdijshëm ose të pavetëdijshëm. Kur ju bëjnë gjëra të tmerrshme, kjo është shpesh për shkak të mungesës së vetëdijes së tyre, ose gjendjes emocionale negative në të cilën ndodheshin në atë kohë.

Mjerisht, shumica e njerëzve janë thellësisht të kushtëzuar. Edukimi i tyre i shtyn ata të veprojnë në një mënyrë të caktuar. Njerëzit shpesh veprojnë në të njëjtën mënyrë si prindërit e tyre, prandaj shpesh dëgjoni për njerëz që janë abuzuar nga prindërit e tyre, duke u bërë, nga ana tjetër, abuzues me fëmijët e tyre.

Siç shkroi Ekhart Tolle në Fuqia e Të Tashmes:

Mendja, e kushtëzuar ashtu siç është nga e kaluara, gjithmonë kërkon të rikrijojë atë që di dhe e njeh. Edhe nëse është e dhimbshme, të paktën është e njohur. Mendja i përmbahet gjithmonë të njohurës. E panjohura është e rrezikshme sepse nuk ka kontroll mbi të. Kjo është arsyeja pse mendja nuk e pëlqen dhe injoron momentin e tanishëm.

Me pak fjalë, natyra e mendjes (të pavetëdijshme) njerëzore është të kapet pas modeleve të vjetra dhe t'i rikrijojë ato. Shikoni historinë tuaj familjare dhe ndoshta do t'i vini re këto modele. Ju do të shihni se si njerëzit janë të kushtëzuar. Kjo tregon se sa e vështirë është për njerëzit që të çlirohen nga modelet e vendosura.

Dikur e kisha inat nënën time se ishte tepër mbrojtëse. E fajësova që nuk më inkurajoi të rritesha, por në vend të kësaj, veprimet e saj më bënë më të dobët se sa isha tashmë. Ndoshta, ishte një nga arsyet që nisa një udhëtim zhvillimi personal. Megjithatë, kuptova se ajo nuk kishte ndonjë qëllim të keq. Ajo thjesht donte të thoshte mirë dhe bëri më të mirën që mundi.

Çështja është se njerëzit bëjnë atë që munden, me atë që kanë, bazuar në atë se kush janë dhe sa janë kushtëzuar. Ata gjithashtu bëjnë shumë gabime. Ne të gjithë bëjmë. Është pjesë e të qenit njeri.

Një nga gjërat më qesharake që përpiqemi të bëjmë si qenie njerëzore është të duam të ndryshojmë të kaluarën. Ajo që ndodhi në të kaluarën duhej të ndodhte.

Sepse ndodhi. Tani, pyetja është, çfarë do të bëni për këtë?

Si të përballeni me pakënaqësinë

Për të filluar të heqim dorë nga pakënaqësia, ne do të diskutojmë rëndësinë e:

1. Ndryshimi/rivlerësimi i interpretimit tuaj

2. Përballja me situatën

3. Falja (çlirimi nga identifikimi), dhe

4. Të harruarit (ndaloni përsëritjen).

Inati vjen nga interpretimi juaj i diçkaje që ju ka ndodhur. Ky interpretim ju bën të ndiheni të tradhtuar dhe të përjetoni zemërim, apo edhe dëshirë për hakmarrje. Duke rishikuar skenën në mendjen tuaj, ju lejoni të rritet pakënaqësia dhe, për shkak se shmangni përballjen me situatën ose personin në rrënjë të pakënaqësisë suaj, emocioni vazhdon të rritet.

Për të parandaluar shfaqjen e pakënaqësisë, është e nevojshme që ju të rivlerësoni interpretimin tuaj të asaj që ndodhi, ndërkohë që përballeni me situatën ose personin që keni zemëruar. Pasi ta bëni këtë, duhet të jeni të gatshëm të falni dhe të lironi pakënaqësinë tuaj. Më në fund, duhet të zgjidhni të harroni. Kjo nënkupton të mos riprodhoni skenën në mendjen tuaj pa pushim.

1. Ndryshimi/rivlerësimi i interpretimit tuaj

Për t'i vënë gjërat në perspektivë, është e rëndësishme që ju të shikoni interpretimin tuaj të asaj që ndodhi. Ndoshta e keni mbidramatizuar situatën? A ka mundësi të keni keqinterpretuar diçka? Pyesni veten, çfarë ndodhi saktësisht? Pasi të hiqni interpretimin tuaj, do të mbeten vetëm faktet e vështira. Shikimi i asaj që ka ndodhur në të vërtetë mund t'ju ofrojë njohuri të vlefshme, duke ju lejuar të zëvendësoni interpretimin tuaj aktual me një më fuqizues.

2. Përballja me situatën

Nëse inati juaj drejtohet ndaj njerëzve, ndoshta duhet të keni një diskutim të sinqertë me ta dhe të tregoni se si ndiheni.

Shpesh, pakënaqësia krijohet kur nuk i ndani ndjenjat tuaja me personin për të cilin keni inat. Kjo është shpesh për shkak të frikës: frika për t'u dukur i pambrojtur, frika se mos lëndoni personin tjetër ose frika se mos ndikoni negativisht në marrëdhënien tuaj me atë person. Nëse nuk mund të flisni drejtpërdrejt me atë person, një alternativë është të shkruani një letër. Edhe nëse nuk e dërgoni, akti i thjeshtë i shkrimit të letrës mund t'ju ndihmojë të lironi pak nga pakënaqësia.

3. Falja

Tani keni gjetur një kanal për t'u shprehur, mund të filloni të falni. Ju keni parë faktet e vështira dhe keni rivlerësuar interpretimin tuaj. Nëse është e nevojshme, keni pasur një diskutim të sinqertë me personin që keni zemëruar. Ju bëtë atë që duhej të bënit dhe tani mund ta lëshoni.

Mendoni për pasojat negative të krijuara nga pakënaqësia. Shkruani se si ndikon në lumturinë dhe paqen tuaj mendore. Mos harroni, pakënaqësia është rezultat i lidhjes suaj me të kaluarën. Falja është thjesht rilidhja me të vetmen gjë që është reale, të tashmen, duke harruar atë që nuk është reale, të shkuarën. Pastaj, lëshojeni. Imagjinoni si do të ishte jeta juaj dhe si do të ndiheshit pasi të lini pakënaqësinë. Bëje tani. Pastaj, le të shkojë. Fal.

Mos harroni, falja është një akt dashurie për veten. Ju falni jo vetëm sepse keni dhembshuri, por sepse e vlerësoni lumturinë tuaj më shumë se çdo gjë tjetër. Ndërsa falni, ju e lini lidhjen me historinë tuaj dhe distancoheni nga mendimet që lidhen me të. Për të hequr qafe pakënaqësinë, mund të përdorni procesin me pesë hapa të prezantuar në seksionin "Lëshimi i emocioneve".

4. Të harruarit

Më në fund, harro. Harresa është kur ndaloni së argëtuari mendimet e pakënaqësisë dhe thjesht vazhdoni përpara. Kur të lindin mendime të tilla, lërini të shkojnë. Me kalimin e kohës ata do të humbasin fuqinë e tyre.

25

XHELOZIA

Kur përjetoni xhelozi, dëshironi diçka që dikush tjetër e ka, por ju nuk e keni aktualisht. Ne të gjithë ndihemi xhelozë herë pas here dhe kjo nuk është diçka për të cilën duhet të fajësoni veten. Në këtë pjesë, unë do të shpjegoj se si funksionon xhelozia dhe do t'ju ofroj disa zgjidhje për ta përballuar atë.

Si të përdorni xhelozinë për t'u rritur

Xhelozia buron nga besimi se nuk je mjaftueshëm i mirë. Ajo vjen nga një vend i mungesës dhe mungesës. Ju dëshironi diçka që dikush tjetër ka, duke besuar se do t'ju përmbushte. Përndryshe, keni frikë të humbni diçka ose dikë që besoni se është i juaji.

Xhelozia mund t'ju ndihmojë të gjeni atë që dëshironi vërtet

Xhelozia mund t'ju bëjë të kuptoni se jeni në rrugën e gabuar dhe mund t'ju ndihmojë të zbuloni se çfarë dëshironi me të vërtetë. Për shembull, në librin e saj Qetësi, Susan Cain shpjegoi se shpesh do të ndihej xheloze për miqtë e saj që ishin shkrimtarë ose psikologë. Është interesante se edhe pse në atë kohë ishte avokate, ajo nuk ndihej xheloze për avokatët e suksesshëm - siç bënin shpesh miqtë e saj avokatë. Kjo e bëri atë të kuptonte se nuk ishte krijuar për të qenë avokate. Si rezultat, ajo ndryshoi karrierën e saj dhe u bë shkrimtare.

Kam pasur një përvojë të ngjashme. Ndërsa isha konsulent, nuk kisha zili dhe nuk shikoja njerëz të suksesshëm në kompaninë time. Nga ana tjetër, në rrugëtimin tim të zhvillimit personal, u bëra ziliqarë për blogerët e suksesshëm të zhvillimit personal dhe You Tubers. U ndjeva veçanërisht xheloze për dy njerëz të tillë kur kuptova se ata po bënin pikërisht atë që unë doja të bëja. E imagjinoja se sa e mrekullueshme do të ishte të ndihmoja njerëzit e tjerë dhe të jepja një kontribut në shoqëri, ndërsa studioja dhe rritesha gjatë rrugës. Kjo është arsyeja pse krijova një blog dhe fillova të shkruaj libra. Siç mund ta shihni, xhelozia, kur përdoret siç duhet, mund të jetë e dobishme.

Ushtrimi - Identifikoni se për kë jeni xheloz

Shkruani se për kë jeni xheloz. Tani, çfarë thotë për ju dhe çfarë dëshironi nga jeta?

Xhelozia mund të sinjalizojë një mentalitet të mungesës

Në situata të tjera, xhelozia mund të tregojë se jeni duke vepruar nën një mendim të mungesës. Më lejoni t'ju jap një shembull tjetër nga jeta ime personale. Kur shoh shkrimtarë bestseller, ndonjëherë bëhem xheloz. Ndihem sikur po më vjedhin copën e byrekut dhe unë e meritoj suksesin po aq sa ata. Nuk jam krenare për këtë ndjenjë, por as nuk e fajësoj veten që e kam.

Kjo ndjenjë xhelozie buron nga besimi se ekziston vetëm një sasi e caktuar suksesi atje. Kështu, sa herë që dikush ka pak sukses, ai po ju vjedh një pjesë të veprimit. Është interesante që shpesh nuk është kështu. Sido që të jetë, për shkrimtarët është e kundërta. Sa më shumë që një shkrimtar mund të bashkëpunojë me shkrimtarë të tjerë, aq më të mëdha ka shanset që ai ose ajo të ketë sukses. Një shkrimtar që përpiqet të bëjë gjithçka vetë, ka të ngjarë të dështojë. Sigurisht, kjo nuk kufizohet vetëm tek shkrimtarët. Zhvendosja e mentalitetit tuaj nga ai i konkurrencës në atë të bashkëpunimit mund t'ju ndihmojë të kaloni nga një ndjenjë e mungesës në një ndjenjë të bollëkut.

Në ditët e sotme, kur shoh shkrimtarë të tjerë që kanë sukses, i kujtoj vetes se çfarë lajmi i madh është. Në fund të fundit, nëse ata mund ta bëjnë këtë, mundem edhe unë. Dhe sa më të suksesshëm të bëhen kolegët e mi shkrimtarë, aq më shumë janë në gjendje të më ndihmojnë në të ardhmen. Kjo funksionon edhe anasjelltas. Sa më shumë unë ndihmoni shkrimtarët e tjerë të kenë sukses, aq më shumë ata do të jenë në gjendje të më ndihmojnë në të ardhmen. Siç tha Zig Ziglar, "Ju mund të keni gjithçka që dëshironi në jetë, nëse thjesht ndihmoni njerëzit e tjerë të marrin atë që duan". Mos harroni, atë që njerëzit e tjerë mund të bëjnë, mund ta bëni edhe ju. Mos harroni gjithashtu, suksesi nuk është një burim i kufizuar.

Ushtrimi - Bashkëpunoni në vend që të konkurroni

Mendoni për një kohë në të kaluarën kur jeni ndjerë xheloz për arritjet e dikujt tjetër. Tani, pyesni veten pse u ndjetë kështu. Pastaj, pyesni veten:

Si do të ishte të mbështeste një person?

Si mund të bashkëpunoja me personin?

Pse suksesi i atij personi është i mirë për mua?

Xhelozia mund t'ju thotë të zgjidhni çështjet e vetëvlerësimit

Ndoshta keni frikë se i dashuri ose e dashura mund t'ju tradhtojë, ose t'ju lërë për dikë tjetër. Kjo zakonisht vjen nga besimi se ju nuk jeni mjaftueshëm të mirë dhe keni nevojë që i dashuri ose e dashura juaj t'ju 'plotësojë'. Fatkeqësisht (ose për fat të mirë), në të njëjtën mënyrë që nuk mund të kontrolloni se çfarë mendojnë njerëzit për ju ose si sillen ata, nuk mund të kontrolloni as mendimet apo sjelljet e të dashurit tuaj. Shpesh, e njëjta dëshirë për të kontrolluar partnerin është ajo që e shtyn atë më larg. Ndonëse të ndihesh herë pas here xheloz është normale, nëse je tepër xheloz, është thelbësore të shikosh brenda vetes. Pasiguritë dhe frika juaj zakonisht vijnë nga mungesa e vetëvlerësimit dhe nga frika se nuk mund ose nuk do të të duan.

Xhelozia mund të çojë në disa nga sjelljet e mëposhtme:

· Përpjekja për të kontrolluar partnerin tuaj: Ju mund të kontrolloni telefonin ose emailet e partnerit tuaj ose t'i pengoni ata të dalin për të parë miqtë e tyre. Testimi i partnerit tuaj për të parë nëse ai ose ajo ju do: Ju mund të prisni që partneri juaj të sillet në një mënyrë të caktuar dhe kur ai ose ajo nuk e bën, ndiheni të tradhtuar. Kjo buron nga besimi se ju nuk duhet t'ju tregojë partnerit atë që dëshironi ose keni nevojë. Ai ose ajo duhet të jetë në gjendje të hamendësojë.

Imagjinoni gjëra që nuk janë aty: Ju krijoni lloj-lloj historish në mendjen tuaj duke ekstrapoluar fakte.

Ju ftoj t'i referoheni seksionit "Të mos jesh mjaftueshëm i mirë", për të zbuluar se si të zhvilloni një vetëvlerësim më të shëndetshëm.

Xhelozia mund t'ju sinjalizojë që të ndaloni së krahasuari veten me të tjerët

Një lloj pakënaqësie e vazhdueshme, e ndarë nga miliona, është nocioni se të tjerët janë më të lumtur se ata. Ju siguroj se nuk janë. Sikur të shihje vetëm dhimbjet e fshehta të atyre që buzëqeshjet dhe sjelljet e të cilëve duket se tregojnë lumturi. Sikur të shihje se sa me zjarr dëshirojnë të jenë diku tjetër, duke bërë diçka ndryshe, duke qenë dikush tjetër nga ata që janë.

- VERNON HAUARD, PUSHTETI I SUPERMENDJES.

Xhelozia shpesh rezulton nga krahasimi me të tjerët. Është e rëndësishme të kuptohet se ky lloj krahasimi është përgjithësisht sa kundër produktiv aq edhe i njëanshëm. Në të vërtetë, ju rrallë i krahasoni mollët me mollët. Ju shikoni disa nga sukseset e miqve tuaj, por nuk arrini të kuptoni se kjo është vetëm një pjesë e tablosë. Ndërsa ata mund të duken të lumtur dhe të suksesshëm në sipërfaqe, është shumë e mundur që ata të jenë të pakënaqur apo edhe në depresion. Çështja është, në vend që të supozoni se miqtë tuaj janë më të lumtur se ju, është më mirë të supozoni se jeni po aq të lumtur sa ata.

Gjithashtu, ruhuni që të mos shikoni vetëm zonat në të cilat miqtë tuaj duket se e kanë atë më mirë se ju. Ndoshta, ju fokusoheni në faktin se ata po bëjnë më shumë para se ju, ose keni një partner ndërsa jeni beqarë. Ose ndoshta i keni zili për disa nga forcat dhe aftësitë e tyre natyrore. Problemi këtu është se ju nuk arrini të bëni një krahasim 'mollë me mollë'. Ju e hidhni poshtë tuajën forcat ose cilësitë e veta që të bëjnë të ndihesh sikur nuk je aq i mirë sa ata.

Edhe më keq, shpesh mund ta krahasoni veten me disa njerëz të tjerë. Ju shikoni fushat në të cilat ata janë të suksesshëm dhe më pas shikoni jetën tuaj për të parë se sa mirë krahasoheni. Sigurisht, jo shumë mirë. Si mund të konkurroni me pikat e forta të kombinuara të disa njerëzve! E shihni se sa i njëanshëm dhe joreal është ky lloj krahasimi? Megjithatë, kjo është ajo që shumë prej nesh bëjnë, megjithëse në mënyrë të pandërgjegjshme.

Në fund të fundit, nëse ndiheni xheloz, mund të jetë sepse përfshiheni në këtë lloj krahasimi të padrejtë. Në vend të kësaj, pse të mos e krahasoni veten tuaj 'të sotme' me veten tuaj të 'djeshme'. Në fund të fundit, e vetmja gjë që mund të bëni është të përpiqeni të jeni më të mirë se sa ishit dje, muajin e kaluar ose vitin e kaluar. Për shkak se ne të gjithë fillojmë me rrethana, aftësi dhe personalitete të ndryshme, nuk ekziston një krahasim i drejtë.

Ushtrimi - Krahasoni mollët me mollët

Ky ushtrim do t'ju ndihmojë të krahasoni veten me të tjerët në mënyrë më të drejtë.

Zgjidhni dikë me të cilin e krahasoni shpesh veten. Shkruani të gjitha gjërat që po bëni më mirë se ai person.

26

DEPRESIONI

Gjëja më e vështirë për depresionin është se ai krijon varësi. Fillon të mos ndihesh rehat të mos jesh në depresion. Ndihesh fajtor që ndihesh i lumtur.

- PETE UENX, MUZIKANT.

Depresioni jo-klinik ndodh kur nuk jeni aty ku dëshironi të jeni në jetë, keni humbur çdo shpresë për të qenë ndonjëherë dhe nuk mund ta pranoni atë. Kjo mund të ndodhë pas një ngjarjeje tragjike në jetën tuaj ose në mënyrë më progresive pasi disa aspekte të jetës suaj shpërbëhen ngadalë. Depresioni vjen nga ndjenja e pashpresë në një ose disa fusha të jetës suaj. Këtu janë disa shembuj kur:

- Keni humbur punën tuaj dhe nuk keni asnjë shpresë për të gjetur një të re që të përputhet me pritjet tuaja.

- Ju jeni të sëmurë dhe nuk keni shpresë për t'u shëruar aq mirë sa do të dëshironit.

- Jeni të divorcuar nga partneri juaj dhe mund t'i shihni fëmijët tuaj vetëm një herë në një kohë.

- Ju keni pak shpresa për të gjetur një partner të përshtatshëm.

- Ju keni aq shumë borxhe sa duket sikur nuk do të dilni kurrë prej tij.

- Ju keni vuajtur një humbje.

Ndërsa ngjarjet e mësipërme janë tragjike, depresioni mund të krijohet gjithashtu nga ngjarje më 'të zakonshme', më pak të rënda. Për shembull, disa njerëz mund të kalojnë aq shumë kohë duke u ndalur në të kaluarën ose duke u shqetësuar për të ardhmen, saqë përfundimisht bihen në depresion. Kjo mund të ndodhë edhe pse nuk ka ndodhur ndonjë ngjarje e rëndësishme në jetën e tyre.

Është thelbësore t'i kujtoni vetes se depresioni, si gjendjet e tjera emocionale, nuk është as i mirë as i keq, thjesht është. Ju nuk jeni depresioni juaj. Ju keni ekzistuar para tij, ju ekzistoni gjatë tij dhe, duke qenë të gjitha gjërat të barabarta, do të ekzistoni pas tij.

Depresioni është një proces aktiv

Ndonëse mund të duket sikur depresioni po ju ndodh, ai në fakt është krijuar nga mendimet negative me të cilat jeni identifikuar. Kështu, ju keni njëfarë përgjegjësie në krijimin e depresionit tuaj. A do të thotë kjo që ju duhet të ndiheni fajtor ose të rrihni veten për shkak të depresionit? Sigurisht, jo! kurrë. Në fakt, nuk duhet të rrihni kurrë veten për asnjë nga emocionet që ndjeni. Kjo do të ishte e pakuptimtë. Ajo që do të thotë, megjithatë, është se, për shkak se ju keni luajtur një rol në krijimin e gjendjes tuaj aktuale emocionale, ju gjithashtu keni fuqinë për të dalë prej saj. Dhe ky është një lajm i mrekullueshëm, apo jo?

E mbani mend përvojën e dorës së parë të Dr. David K. Reynolds me depresionin?

Ai shkroi si vijon:

Depresioni mund të krijohet duke qëndruar ulur në një karrige, shpatullat e përkulura, kokën e varur poshtë. Përsëritni këto fjalë vazhdimisht: 'Nuk ka asgjë që nuk mund ta bëjë dikush. Askush nuk mund të më ndihmojë. Është e pashpresë. Unë jam i pafuqishëm. Unë dorëzohem.' Tunde kokën, psherëtij, qaj. Në përgjithësi, veproni në depresion dhe ndjenja e vërtetë do të vijë me kalimin e kohës.

- DAVID K. REYNOLDS, JETË KONSTRUKTIVE.

Depresioni i David K. Reynolds ishte tërësisht i vetë-krijuar. Ishte një proces aktiv që përfshinte adoptimin e një gjuhe të caktuar të trupit, përsëritjen e disave fjalëve dhe të kesh mendime të caktuara. Ai duhej të vepronte në një mënyrë të caktuar për t'u bërë në depresion.

Lajmi i mirë është se për shkak se ju keni fuqinë për të 'krijuar' depresionin, ju gjithashtu keni fuqinë të dilni prej tij. Megjithatë, në një gjendje negative si depresioni, injorimi i mendimeve negative dhe zëvendësimi i tyre me ato më pozitive mund të jetë jashtëzakonisht sfidues. Edhe nëse përpiqeni të mendoni pozitive për mirënjohjen, gëzimin ose lumturinë, në fillim, ato do të duken se nuk kanë fuqi.

Por ju mund të përjetoni emocione të tjera negative si zemërimi për shembull. Ju mund të injoroni zemërimin tuaj në fillim. Miqtë tuaj madje mund t'ju inkurajojnë ta bëni këtë - ata më mirë do t'ju shohin të qetë dhe të dëshpëruar, sesa të zemëruar. Megjithatë, ndonjëherë zemërimi mund t'ju ndihmojë të ngjiteni në shkallët emocionale dhe të kapërceni depresionin. Mbani në mend, çdo emocion tjetër përveç depresionit mund të ndihmojë dhe të mësojë të përqafojë çdo gjendje emocionale që duket se ju jep më shumë energji dhe për këtë arsye ofron më shumë fuqi për të ngjitur shkallët emocionale.

David K. Reynolds sugjeron gjithashtu se ndjenjat luhaten me kalimin e kohës edhe me njerëzit në depresion. Ai shkroi, *"Në depresionin më të thellë ka valëzime dhe valë humori disi më të lehta."* Mund të përdorni momentet kur ndiheni pak më mirë për të ndërmarrë çfarëdo veprimi që mund të jetë i dobishëm për ju në atë kohë.

Si të përdorni depresionin për t'u rritur

Depresioni është një shenjë që ju keni humbur lidhjen me realitetin. A e keni vënë re se qeniet njerëzore janë një nga speciet e pakta në tokë që kanë aftësinë të bien në depresion. Kjo për shkak se ata janë të vetmit që mund të humbasin në mendjen e tyre dhe të bëhen skllevër nga mendimet negative dhe historitë zhgënjyese.

Depresioni është një shenjë që ju duhet të largoheni nga mendja juaj - duke hequr dorë nga shqetësimet tuaja për të kaluarën / të ardhmen ose interpretimin tuaj të situatës së tanishme - dhe të lidheni përsëri me momentin e tanishëm. Mund të jetë një ftesë e fuqishme për të hequr dorë nga identiteti për të cilin jeni kapur për kaq shumë vite. Ky identitet është ajo që ju bëri të besoni se duhet të bëni disa gjëra, fitimi i një shume të caktuar parash, adoptimi i një stili të caktuar jetese ose zhvillimi i një statusi të caktuar shoqëror.

Depresioni ju fton të rilidheni me trupin dhe emocionet tuaja, ndërsa dilni nga koka juaj. Në fund të fundit, a nuk e ka krijuar mendja juaj depresionin në fillim? Disa njerëz që përjetojnë pikëllim të rëndë, trishtim ose depresion pëlqejnë ta mbajnë veten të zënë për të shmangur të menduarit. Kur jeni në depresion, rrallëherë zgjidhja është të menduarit më shumë. Ju rrallë shihni njerëz që dalin nga depresioni duke përdorur mendjen e tyre.

Prandaj, në vend që të mendoni, dëshironi të rilidheni me trupin tuaj. Ushtrimi është një mënyrë e shkëlqyer për ta bërë këtë dhe është treguar të jetë efektiv në përmirësimin e disponimit tuaj. (Për informacion shtesë referojuni seksionit "Përfitimet e ushtrimeve")

Në disa raste të rralla, depresioni i rëndë mund t'i bëjë njerëzit të ndahen nga mendja e tyre. Kur kjo ndodh, historia e tyre papritmas bie. Me sa duket, kjo është ajo që ka ndodhur me Eckhart Tolle, siç kujton ai në librin e tij, Fuqia e Tani. Ai pati një zgjim të papritur dhe mendja i ndaloi. Ja çfarë shkruan ai për përvojën e tij:

Kjo tërheqje duhet të ketë qenë aq e plotë, saqë kjo vetvete e rreme, e vuajtur u shemb menjëherë, njësoj sikur të hiqje prizën nga një lodër që fryhet.

- EKHART TOLLE.

Në përmbledhje, depresioni ju thotë të lini egon tuaj dhe të lidheni përsëri me realitetin. Ju fton të dilni nga mendja juaj, e cila mund të kujtojë vetëm të kaluarën ose të parashikojë të ardhmen, dhe të jetoni më shumë në të tashmen. Depresioni i rëndë mund të kërkojë ndihmën e një profesionisti, por për depresion më të butë këtu janë disa strategji ndërmjetësuese:

Ushtrimi - Rilidhuni me trupin dhe emocionet tuaja

Për të kapërcyer depresionin, është thelbësore që ju të shpëtoni nga mendja juaj. Është më e lehtë të 'ndjesh' rrugën tënde për të dalë nga depresioni sesa të 'mendosh' mënyrën e daljes nga depresioni. Unë do të guxoja të them se shumica e njerëzve kalojnë mbi nëntëdhjetë për qind të jetës së tyre në mendjen e tyre. Ata kanë vetëm momente të rralla të kthjelltësisë kur janë plotësisht të vetëdijshëm dhe të pranishëm. Për shembull, ata nuk i dëgjojnë njerëzit, por ata:

Gjykojnë dhe interpretojnë ato që thonë

Parashikojnë se çfarë do të thonë më pas dhe/ose

Humbasin në mendimet e tyre.

Të gjitha këto gjëra ndodhin në nivelin e 'mendjes' dhe tregojnë se si njerëzit nuk janë plotësisht të pranishëm. Për shkak se ata ose jetojnë në të kaluarën ose në të ardhmen (dmth. në mendjen e tyre), ata përjetojnë një sërë emocionesh negative. Më poshtë janë disa nga gjërat që mund të bëni për t'u rilidhur me trupin dhe emocionet tuaja:

Ushtrimi: Siç u diskutua më parë, stërvitja është një mënyrë e shkëlqyer për të qetësuar mendjen dhe për t'u lidhur me trupin tuaj dhe ka një efekt pozitiv në disponimin tuaj.

Meditimi: Meditimi është një mënyrë efektive për të vëzhguar mendjen tuaj dhe për të mos u identifikuar aq shumë me mendimet tuaja. Meditimi është thjesht një mjet për t'ju ndihmuar të rilidheni me realitetin duke vëzhguar mendimet, emocionet dhe ndjesitë në vend që të humbni në mendjen tuaj.

Aktiviteti: Të qenit i zënë ju lejon të shmangni të menduarit e tepruar. Në vend që të ushqeni depresionin tuaj me mendime të vazhdueshme negative, përqendroni vëmendjen tuaj në diçka tjetër.

Përqendrimi te të tjerët: Siç përmendet në librin e Dale Carnegie, "Si të ndaloni së shqetësuari dhe të filloni të jetoni", Alfred Adler u thoshte pacientëve të tij me melankoli: *"Ju mund të shëroheni për katërmbëdhjetë ditë nëse ndiqni këtë recetë. Mundohuni të mendoni çdo ditë se si mund të kënaqni dikë."* Pavarësisht nëse është apo jo e saktë, fokusimi te të tjerët sigurisht që mund t'ju ndihmojë të harroni problemet tuaja dhe të përqendroheni në diçka më pozitive.

Fatkeqësisht, kur ndiheni në depresion, nuk do të dëshironi të bëni asnjë nga këto gjëra. Megjithatë, ndërsa filloni të lëvizni dhe filloni ta mbani veten të zënë, situata juaj gradualisht do të përmirësohet dhe do të bëhet më e lehtë.

Prandaj, është e rëndësishme t'i hidhni gjërat vetëm një hap në një kohë.

27

FRIKA/PAREHATIA

Jeta fillon gjithmonë me një hap jashtë zonës suaj të rehatisë.

- SHANNON L. ALDER, AUTOR FRYMËZUES.

Sa herë që provojmë diçka të re, përjetojmë ankth. Kemi frikë nga e panjohura. Kjo është arsyeja pse ne na pëlqen të ruajmë rutinën tonë të përditshme dhe të qëndrojmë brenda zonave tona të rehatisë. Nga këndvështrimi i trurit tonë, kjo ka kuptim të përsosur. Nëse zakonet tona aktuale na lejojnë të jemi të sigurt dhe të shmangim çdo kërcënim të mundshëm për mbijetesën tonë (ose mbijetesën e egos sonë), pse të shqetësohemi t'i ndryshojmë ato? Kjo shpjegon pse ne shpesh mbajmë të njëjtën rutinë, ose kemi të njëjtat mendime pa pushim. Kjo është gjithashtu arsyeja pse ne mund të përjetojmë shumë rezistencë të brendshme kur përpiqemi të ndryshojmë veten.

Kështu, kur përpiqemi të lëvizim përtej zonave tona të rehatisë, ne përjetojmë frikë dhe shqetësim. Tani, a duam të qëndrojmë në të njëjtin vend pjesën më të madhe të jetës sonë dhe të shmangim marrjen e ndonjë rreziku, apo duam të ndjekim ëndrrat tona dhe të shohim se çfarë jemi vërtet të aftë të bëhemi? Duhet të kujtojmë, shumica e frikës sonë është një kërcënim vetëm për egon tonë, jo për mbijetesën tonë. Në përgjithësi, ato nuk janë kërcënime fizike, por imagjinare. Nëse e luajmë të sigurt, rrezikojmë të humbasim jetën dhe mund të pendohemi më vonë.

Më poshtë janë frikërat e zakonshme që mund të përjetoni:

Frika e refuzimit: Keni frikë të refuzoheni. Ky mund të jetë refuzim fizik nga një grup specifik, por në përgjithësi është më delikate. Për shembull, mund të keni frikë nga:

Bërja e një komenti, që njerëzit mund të mos e aprovojnë.
Ti kërkosh dikujt të dilni dhe të refuzoheni, ose

Të ndash punën tënde dhe të kritikohesh për të.

Frikë nga dështimi: Keni frikë se mos dështoni. Kjo zakonisht vjen nga frika më e thellë për të mos qenë mjaftueshëm i mirë, dmth keni frikë se mos ju tallin dhe besoni se dështimi do t'ju gërryejë vetëvlerësimin.

Frika nga humbja: Qeniet njerëzore kanë një neveri ndaj humbjes, prandaj ne shpesh jemi më të motivuar për të parandaluar një humbje sesa për të siguruar një fitim.

Frika nga shqetësimi: Keni frikë të shqetësoni njerëzit. Ndoshta për shkak të besimit se nuk je mjaftueshëm i rëndësishëm. Si rezultat, mund të ndiheni hezitues për të afirmuar veten nga frika se mos dukeni egoist.

Frika nga suksesi: Keni frikë nga suksesi. Ju mund të shqetësoheni se nuk do të jeni në gjendje ta përballoni atë me gjithë presionin e shtuar mbi supet tuaja.

Si të përdorni frikën për t'u rritur

Frika për të bërë diçka të re është shpesh një shenjë që duhet të vazhdoni dhe ta bëni gjithsesi. Kjo tregon një mundësi të madhe për rritje personale. Frika, si me çdo emocion tjetër, ekziston vetëm në mendjen tuaj. Kjo është arsyeja pse ne shpesh e kuptojmë se çfarë budallenj kemi qenë pasi kemi përfunduar diçka që fillimisht ishim të kujdesshëm për të filluar.

Njerëzit që përfundojnë duke arritur qëllimet e tyre më të egra shpesh e bëjnë këtë sepse janë të gatshëm të largohen nga zona e tyre e rehatisë. Me kalimin e kohës, ata mësojnë të jenë të kënaqur me gjërat e pakëndshme. Imagjinoni një gjë që dikur kishit frikë ta bënit, tani nuk është gjë e madhe për ju. Për shembull, vë bast se keni qenë të frikësuar herën e parë që keni vozitur, ose në ditën tuaj të parë në punë. Tani, nuk jeni mësuar me të?

E vërteta është se njerëzit kanë aftësi të jashtëzakonshme për të mësuar. Çelësi është të mësoheni të përjetoni siklet herë pas here. Duke mos u përballur me frikën tuaj rregullisht, do të kufizoni shumë potencialin tuaj për zhvillim. Qëndrimi brenda zonës suaj të rehatisë mund të gërryejë gjithashtu ndjenjën tuaj të vetëvlerësimit pasi, në fund të mendjes tuaj, ju e dini se nuk po bëni atë që duhet të bëni.

Ekziston një ligj në natyrë: gjërat ose rriten ose vdesin. E njëjta gjë vlen edhe për qeniet njerëzore. Kur njerëzit nuk lëvizin përtej zonës së tyre të rehatisë, ata fillojnë të vdesin brenda. Mos lejoni që kjo të ndodhë me ju. Siç tha Benjamin Franklin, "Disa njerëz vdesin në njëzet e pesë dhe nuk varrosen deri në shtatëdhjetë e pesë." Sigurohuni që 'disa njerëz' të mos ju përfshijnë!

Marrja e veprimeve

Hapi i parë për të dalë nga zona juaj e rehatisë është të kuptoni se edhe njerëzit më të suksesshëm në tokë ndjejnë frikë. Guximi nuk është mungesa e frikës, është të ndërmarrësh veprime pavarësisht frikës. Guximi është të kuptosh se frika nuk do të largohet dhe të bësh atë që dëshiron të bësh gjithsesi. Pa frikë, nuk ka guxim. Ndërsa përballeni me frikën rregullisht, ju kultivoni guximin dhe e ktheni atë në një zakon.

Ju nuk keni nevojë të shmangni frikën ose të mpiheni para saj përpara se të merrni masa. Në vend të kësaj, ju duhet të pranoni faktin se frika nuk do të largohet dhe të mësoheni me të. Pastaj, ju duhet të vendosni të merrni masa.

Ushtrimi - Dilni nga zona juaj e rehatisë

Për të filluar të largoheni nga zona juaj e rehatisë, mund të pyesni veten: "Cila është e vetmja gjë që duhet të bëj, por frika më ka shtyrë ta shtyj atë?" Pasi ta bëni atë një gjë, ka të ngjarë të përjetoni një ndjenjë krenarie dhe të të qenit gjallë. Kjo është një shenjë që ju jeni në rrugën e duhur. Shikojeni atë si shpërblimin që truri juaj ju jep për të lëvizur përtej zonës suaj të rehatisë.

28

ZVARRITJA

Shtyjeni për nesër vetëm atë që keni lënë pa bërë një moment para se të vdisni

- PABLO PIKASO

Zvarritja është kryesisht një çështje emocionale. Ndërsa ka teknika efektive për t'u marrë me zvarritjen, në pjesën më të madhe, të mësuarit për të menaxhuar siç duhet emocionet tuaja është çelësi për të kapërcyer tendencën tuaj drejt veprimit të vonuar.

Pse e zvarrisim

Ka arsye të ndryshme pse njerëzit zvarritin. Më poshtë janë disa prej tyre:

Detyra është e mërzitshme

Detyra shihet si e parëndësishme

Detyra është shumë sfiduese (ose perceptohet si e tillë)

Keni frikë se do të bëni një punë të dobët dhe/ose

Zakonisht jeni dembelë.

Imagjinoni sikur detyra të ishte shumë argëtuese, të perceptohej si e rëndësishme dhe aq e lehtë që nuk mund të dështonit, a do ta shtynit?

Unë besoj se frika është arsyeja kryesore që njerëzit e shtyjnë punën. Nga frika se do të bëjnë një punë të dobët, njerëzit preferojnë të shtyjnë një detyrë. Ndërsa ata mund të bindin veten se detyra nuk është urgjente ose e rëndësishme, ose se janë të lodhur, shpesh, e vërteta është se ata janë të frikësuar.

Vini re se zvarritja nuk është në vetvete një shenjë se jeni dembel ose diçka nuk është në rregull me ju. Ne të gjithë zvarritemi. Megjithatë, nëse vuani rregullisht nga zvarritja, kjo mund të tregojë se ose keni probleme me vetëvlerësimin, ose ju mungon vetë disiplina.

Si të përdorni zvarritjen për t'u rritur

Zvarritja mund t'ju sugjerojë të besoni shumë në atë që mendja juaj po ju thotë. Në vend që të jesh zot i mendjes tënde, je bërë skllav i saj. Kjo vjen me koston e:

Duke mos jetuar jetën që dëshironi

Mos realizimin e ëndrrave tuaja, dhe

Duke përjetuar vetëbesim të ulët, faj dhe pakënaqësi.

Mbani mend, kur mendja juaj ju thotë: "*Je i lodhur. Le të pushojmë*, ose "*Le ta bëjmë nesër*", nuk është një urdhër. Nuk duhet ta ndiqni. Ju nuk jeni emocionet tuaja. As ju nuk jeni mendja juaj. Pa marrë parasysh se çfarë mendimi mund të kalojë në mendjen tuaj, ju mund të zgjidhni ose ta pranoni atë, ose ta shpërfillni atë.

Tani do të doja të ndaj një proces 16 hapash për të kapërcyer zvarritjen.

Mos u shqetësoni, nuk është aq e komplikuar sa mund të duket në fillim.

Si të shtypni zvarritjen në 16 hapa të thjeshtë

1. Kuptoni se çfarë fshihet pas zvarritjes.

Hapi i parë është të kuptoni pse e zvarritni. Siç e kemi diskutuar më parë, ka arsye specifike pas zvarritjes. Zakonisht, ka të bëjë me frikën dhe mendja ju thotë se mënyra më e mirë për të shmangur frikën është thjesht të mos bëni asgjë. Me fjalë të tjera, të zvarritet. Një arsye tjetër pse e shtyni është sepse detyra është e vështirë. Ju dëshironi të shmangni dhimbjen sa më shumë që të jetë e mundur dhe të maksimizoni kënaqësinë. Kështu funksionon truri juaj. Ju gjithashtu mund të zvarritni punën sepse ju mungon motivimi. Kjo ndodh kur detyra me të cilën punoni nuk është pjesë e një vizioni më të madh që ju emocionon. Nëse ju mungon motivimi, pyesni veten pse. Më pas, merrni parasysh zgjidhjet e mëposhtme:

Delegoni detyrën

Eliminoni detyrën

Riformuloni mënyrën se si e perceptoni detyrën për ta bërë atë pjesë të një vizioni më të madh (dhe më emocionues)

Ristrukturoni detyrën në mënyrë që të bëhet më e lehtë dhe/ose Thjesht filloni (shih hapin 13).

Kaloni kohë duke identifikuar të gjitha arsyet pas zvarritjes suaj.

Jini të sinqertë me veten.

2. Kujtojini vetes koston e zvarritjes

Zvarritja nuk është një çështje e vogël dhe vjen me pasoja të rënda.

- Pasoja e drejtpërdrejtë e zvarritjes është se do të arrini shumë më pak se sa mundeni gjatë kohës që keni kaluar në tokë.

- Pasoja indirekte e zvarritjes është se mund të ndiheni keq për veten tuaj. Ju mund të fajësoni veten që nuk keni bërë atë që dini se duhet të bëni, gjë që gërryen vetëvlerësimin tuaj dhe krijon shqetësime të panevojshme.

Ushtrimi - kostoja e zvarritjes

Tani, merrni një fletë letre dhe shkruani se sa ju kushton zvarritja.

Si ndikon në paqen tuaj mendore? Vetëvlerësimi juaj? Aftësia juaj për të arritur ëndrrat tuaja? Sa më shumë të jeni të sëmurë dhe të lodhur nga zvarritja, aq më shumë do të keni gjasa të bëni diçka për të.

3. Zbuloni historinë tuaj

Hapi i tretë për të kapërcyer zvarritjen është identifikimi i historisë pas saj. Çfarë po i thoni vetes kur ndjeni dëshirën për të zvarritur? Çfarë mendimesh ju kalojnë në mendje? Çfarë justifikimesh përdorni? Disa justifikime të zakonshme janë:

Unë jam shumë i lodhur

Unë do ta bëj nesër

Unë do të bëj një punë të dobët dhe/ose

Nuk është vërtet e rëndësishme.

Le të trajtojmë disa nga këto justifikime menjëherë, *jam shumë i lodhur*

Edhe pse kjo mund të jetë e vërtetë, ju duhet të kuptoni se nuk jeni mendja juaj. Ju nuk keni nevojë të dëgjoni mendjen tuaj. Navy SEAL, David Goggins, përdor rregullin dyzet përqind. Ky rregull thotë se, edhe *kur mendoni se nuk mund të duroni më, po përdorni vetëm dyzet për qind të kapacitetit të trurit tuaj*. Në fund të fundit, ju keni rezerva të mëdha energjie që mund t'i përdorni kur ndiheni të lodhur. Prandaj, të punosh dy orë në biznesin tënd pas punës nuk do të të vrasë.

Unë do të bëj një punë të dobët

Nëse planifikoni një detyrë për sot, do të thotë që besoni se mund ta bëni atë. Kështu, frika për të bërë një punë të dobët nuk është çështja këtu. Në fund të fundit, nëse mendoni se do ta bëni një punë të dobët sot, çfarë ju bën të mendoni se do të bëni një punë më të mirë nesër? Me shumë mundësi nuk do ta bëni. Kjo është vetëm një histori që po i tregon vetes.

Unë do ta bëj nesër

Të bësh atë nesër mund të mos jetë një punë e madhe. Megjithatë, nëse nuk mund ta disiplinoni veten për të përfunduar detyrat e sotme, cilat janë shanset që të krijoni jetën tuaj ideale në të ardhmen? Mos harroni, disiplinimi i vetes për të përfunduar detyrën që keni para jush është, në fund të fundit, ajo që do t'ju lejojë të krijoni jetën tuaj të ardhshme. Kërkohet kohë, përpjekje dhe vetë disiplinë për të krijuar diçka me vlerë në jetën tuaj.

Nuk është vërtet e rëndësishme

Edhe nëse kjo është e vërtetë, mospërfundimi i një detyre që keni planifikuar krijon një lak të hapur. Pastaj, diku në fund të mendjes tuaj ju e dini se ju ende duhet ta përfundoni atë detyrë. Nëse vazhdoni të shtyni detyrat, së shpejti do të filloni të humbni motivimin. Në një moment, madje mund të përfundoni të ndiheni të mbërthyer pa e ditur pse.

Ushtrimi - Shkruani justifikimet tuaja

Filloni të bëheni të vetëdijshëm për të gjitha justifikimet që gjeni. Shkruajini ato, pastaj drejtojuni një nga një. Ata ju kontrollojnë sepse ju i lejoni. Angazhohuni t'i adresoni ato.

4. Rishkruani historinë tuaj

Shikoni justifikimet tuaja. A jeni shumë i lodhur? A ju mungon koha? A po përpiqeni të bëni gjithçka në mënyrë perfekte? Tani e keni identifikuar historinë tuaj, krijoni një histori të re më fuqizuese për të neutralizuar justifikimet tuaja të vjetra. Shihni shembujt më poshtë:

Nuk kam kohë për këtë → gjej kohë për gjithçka që jam i përkushtuar.

Jam shumë i lodhur → Kam kontroll mbi mendjen time dhe kam më shumë energji nga sa imagjinoj. Kur planifikoj një detyrë, e përfundoj atë.

Pastaj, krijoni pohime ose mantra rreth historisë suaj të re. Përsëritini vetes çdo mëngjes dhe gjatë gjithë ditës derisa të bëhen pjesë e identitetit tuaj. Mos harroni, zvarritja është një zakon. Ju dëshironi të riprogramoni mendjen tuaj dhe të zbatoni një zakon të ri: zakonin për të punuar në detyrat që planifikoni, pavarësisht nëse ju pëlqen apo jo. (Për më shumë, referojuni seksionit, 'Kushtëzimi i mendjes suaj.')

5. Sqaroni 'pse' tuaj

Zvarritja është shpesh për shkak të mungesës së motivimit. Kur je i emocionuar për një qëllim, nuk ik prej tij, apo jo? Jo. Mezi prisni të punoni për të!

Shikoni detyrat që i shtyni rregullisht. Pse është ajo? Si mund t'i bëni këto detyra pjesë të vizionit tuaj për ta bërë të ndiheni më të motivuar? A mund t'i rregulloni këto detyra? A mund të mësoni diçka nga këto detyra? A mund ta imagjinoni të ndiheni krenarë për veten ndërsa përfundoni këto detyra?

Sa më e fortë arsyeja juaj, 'pse' juaj, aq më lehtë do të jetë për ju që të kapërceni prirjen tuaj për të zvarritur.

6. Identifikoni mënyrat se si e shpërqendroni veten

Hapi tjetër është të vëreni të gjitha mënyrat se si e shpërqendroni veten. Cilat janë mënyrat tuaja për të zvarritur? A shkon për shëtitje? Shikoni video në You Tube? Po pi kafe? Apo ndoshta, duke lexuar libra se si të kapërceni zvarritjen?

Nëse nuk jeni të vetëdijshëm për të gjitha mënyrat se si shfaqet zvarritja në jetën tuaj, do ta keni të vështirë ta kapërceni atë.

Ushtrimi - bëni një listë të të gjitha mënyrave që ju i shtyni

Merrni disa minuta për të shkruar gjithë mënyrën se si e shtyni duke përdorur librin e punës falas.

7. Qëndroni me dëshirën

Ndërsa ndjeni dëshirën për të futur shpërqendrimin tuaj këtu, qëndroni me emocionin. Si ndihesh? Lejoni vetes të ndjeni emocionet. Mos e gjykoni veten. Mos e fajësoni veten. Thjesht pranoni atë që është. Ndërsa e bëni këtë, do të fitoni më shumë kontroll mbi mendjen tuaj, (referojuni kapitullit "Lëshimi i emocioneve tuaja", për më shumë informacion)

8. Regjistroni gjithçka që bëni

Për të vlerësuar produktivitetin tuaj dhe për të mbledhur njohuri mbi mënyrat se si e zvarritni, regjistroni gjithçka që bëni në një fletore. Bëjeni për një javë. Sa herë që kaloni nga një aktivitet në tjetrin, shkruajeni atë. Sigurohuni që të shkruani sa kohë shpenzoni për secilën detyrë.

Deri në fund të javës, do të dini se sa kohë shpenzoni duke bërë punë 'reale' dhe sa kohë shpenzoni duke shpërqendruar veten. Kini kujdes, mund të tronditeni.

9. Vendosni një qëllim të qartë pas çdo gjëje që bëni

Para se të punoni në një detyrë, sigurohuni që e dini saktësisht se çfarë duhet bërë. Pyesni veten, çfarë po përpiqem të arrij këtu? Si do të duket rezultati përfundimtar? Në këtë mënyrë, do të shmangni t'i jepni mendjes hapësirë për të krijuar justifikime.

10. Përgatitni mjedisin tuaj

Mendja juaj nuk e pëlqen atë që është e vështirë. Ai dëshiron që gjërat të jenë të lehta. Kështu, sigurohuni që të hiqni çdo fërkim ose pengesë që të mund të punoni menjëherë në detyrën tuaj. Për shembull:

Nëse dëshironi të vraponi, përgatitini pajisjet e vrapimit pranë shtratit tuaj, në mënyrë që të mund të vraponi menjëherë pasi të zgjoheni, (pas një ngrohjeje të plotë fillimisht, sigurisht).

Për detyrat që lidhen me kompjuterin, hiqni të gjitha shpërqendrimet nga tavolina juaj dhe sigurohuni që të mund të përdorni menjëherë të gjithë skedarët që ju nevojiten.

11. Filloni me pak

Në vend që t'i bëni shumë presion vetes, pse të mos filloni me pak? Në vend që të shkruani dy faqe të dorëshkrimit tuaj, ndoshta mund të shkruani një paragraf. Në vend që të ushtroheni për një orë, pse të mos filloni me pesë minuta? Zvogëlimi i detyrave do t'ju ndihmojë të kapërceni zvarritjen. Jo vetëm kaq, por gjithashtu do t'ju lejojë të ndërtoni vrull. Pra, sa herë që keni një mundësi, sigurohuni që të filloni me të vogla për të ulur presionin.

12. Krijoni fitore të shpejta

Përballja me detyra të frikshme çdo ditë do t'ju vendosë në dështim dhe do t'ju vrasë motivimin. Mësoni të zvogëloni detyrat tuaja dhe të vendosni piketa të vogla, ato që mund t'i arrini lehtësisht. Kjo do të:

- Ju lejojë të krijoni zakonin e përfundimit të detyrave tuaja njëqind për qind

- Rritni vetëvlerësimin tuaj ndërsa grumbulloni fitime të shpejta dhe zvogëloni dëshirën që keni për të zvarritur.

Vendosni qëllime të vogla çdo ditë dhe realizojini ato vazhdimisht për disa javë. Duke vepruar kështu, ju do të rrisni vetëvlerësimin tuaj dhe do të jeni më të pajisur për të përfunduar detyrat sfiduese në të ardhmen. Mos harroni, kryerja e gjërave është një zakon, dhe si me çdo zakon tjetër, ai mund të praktikohet dhe mësohet.

13. Thjesht filloni

Shpesh, kur filloni të punoni në një detyrë, do të hyni në atë që quhet 'rrjedha' dhe gjërat bëhen të padurueshme. Në këto raste, ju bëheni të fokusuar në detyrën tuaj e motivimi nuk do të jetë më një problem.

Mënyra më e mirë për të hyrë në një 'gjendje rrjedhëse' është duke filluar. Për ta bërë më të lehtë, vendosni të punoni në një detyrë vetëm për pesë minuta dhe shikoni se çfarë ndodh. Hiqni çdo presion ose dëshirë për të performuar mirë dhe jepini vetes leje për të bërë një punë të dobët. Shpesh do të përfundoni duke punuar në detyrë për shumë më gjatë sesa ishte planifikuar fillimisht. Vini re se sa më shumë vëmendje të kërkojë detyra juaj, aq më shumë ka gjasa që të hyni shpejt në rrjedhë.

Përveç kësaj, ju mund të përdorni rregullin 5-sekond të prezantuar nga Mel Robbins në librin e saj, Rregulli 5 të dytë. Ky rregull *thotë se ju keni vetëm një dritare prej 5 sekondash për të ndërmarrë veprime përpara se mendja juaj t'ju flasë jashtë saj.* (Për më shumë rreth Rregullit të 5-të të dytë, referojuni seksionit "Kushtëzimi i mendjes tuaj".)

14. Krijoni zakone të përditshme për t'ju mbështetur

Nëse keni tendencë të zvarritni detyrat e rëndësishme, angazhohuni t'i punoni ato gjëja e parë që në mëngjes. Për shembull, nëse doni të shkruani një libër, filloni të shkruani çdo mëngjes.. Për shembull, vendosni një qëllim të vogël për të shkruar pesëdhjetë fjalë në ditë dhe bëjeni atë çdo mëngjes. Ndërsa mbani këtë orar, do të zhvilloni një zakon të të shkruarit dhe do ta bëni zvarritjen më pak të mundshme.

15. Përdorni vizualizimin

Ju gjithashtu mund të përdorni vizualizimin për t'ju ndihmuar të kapërceni zvarritjen.

Më poshtë janë dy mënyra specifike për ta bërë këtë:

1. *Vizualizoni veten duke bërë detyrën:* Shihni veten duke ndezur kompjuterin, duke hapur skedarin dhe duke shkruar. Imagjinoni veten duke veshur këpucët e vrapimit dhe duke shkuar për vrap. Ky lloj vizualizimi është treguar se rrit gjasat që të punoni në detyrë. Provoje.

2. *Vizualizoni veten duke përfunduar detyrën:* Si do të ndiheshit sapo të përfundoni detyrën? Çliruar? E lumtur? Krenar? Tani, ndjehuni siç do të ndiheshit nëse do të kishit përfunduar detyrën tuaj. Duke vepruar kështu, ju do të përjetoni një nxitje motivimi që do t'ju inkurajojë të punoni në detyrën tuaj.

16. Ndërtoni llogaridhënie

Nëse e keni të vështirë të përfundoni një detyrë, mund t'ju duhet një përgjegjësi. Kur kam gjasa të zvarritem, më pëlqen t'i dërgoj një mesazh një shoku dhe t'i them se do të përfundoj një detyrë të caktuar deri në një datë të caktuar.

Një mënyrë tjetër për të krijuar llogaridhënie është të keni një partner llogaridhënieje me të cilin komunikoni rregullisht. Mund të flisni me të një herë në javë dhe të ndani listën tuaj të qëllimeve. Ju mund të shikoni detyrat e rëndësishme që ka të ngjarë të shtyni dhe të vendosni një afat specifik për secilën prej tyre. Më pas, mund t'i dërgoni një email partnerit tuaj të llogaridhënies për ta njoftuar atë kur keni përfunduar një detyrë.

Nëse ndiqni këtë proces me 16 hapa, duhet të jeni në gjendje të kapërceni ose, të paktën, të reduktoni ndjeshëm tendencën tuaj për të zvarritur.

29

MUNGESA E MOTIVIMIT

Njerëzit shpesh thonë se motivimi nuk zgjat. Epo, as larja - prandaj e rekomandojmë çdo ditë.

- ZIG ZIGLAR, SHITËS DHE MOTIVUES.

Mungesa e motivimit është zakonisht një shenjë se ju nuk keni një vizion bindës për të ndjekur. Njerëzit që kanë një vizion emocionues rrallë u mungon motivimi. Ndërsa ata mund të përjetojnë pengesa gjatë rrugës dhe të ndihen të frustruar apo edhe pak të depresionuar, ata priren të kthehen shpejt duke i kujtuar vetes vizionin e tyre.

Mungesa e motivimit është gjithashtu një shenjë që nuk po 'po ndiqni lumturinë tuaj'. Tregon se ka një mospërputhje midis asaj që bëni dhe asaj që jeni. Fjala 'entuziast' vjen nga greqishtja dhe do të thotë 'i mbushur me hyjnore'. Nëse ju mungon entuziazmi, ndoshta nuk jeni në kontakt me thelbin e asaj që jeni.

Unë kurrë nuk kam dëgjuar për një fitues të çmimit fisnik të tërhiqej para kohe sepse ai ose ajo ishte i mërzitur. Në fakt, shumica prej tyre do të punojnë deri në ditën e vdekjes. Kjo sepse ata kanë një qëllim të qartë. Në mënyrë të ngjashme, nuk kam parë kurrë miliarderë që shesin kompanitë e tyre për të dalë në pension në një ishull tropikal. Ata mund të jenë përpjekur, por shpejt e kuptojnë se sa e mërzitshme është bërë jeta e tyre.

Çështja është që në thelb nuk ju mungon motivimi, thjesht nuk po bëni atë që duhet të bëni. Nuk e keni shtrirë veten sa duhet dhe nuk keni krijuar një vizion që ju frymëzon. Ndoshta, ju jeni ngecur në të njëjtën punë qorre që ju mërzit deri në lot. Ose ndoshta jeni në punën tuaj aktuale për paratë, ose për të përmbushur dëshirat e prindërve tuaj. Atëherë, nuk është çudi që ju mungon motivimi. Për fat të mirë, ju mund të riktheni motivimin tuaj.

Si të përdorni motivimin (ose mungesën e tij) për t'u rritur

Mungesa e motivimit thotë se ju duhet të dizajnoni një jetë që është më në përputhje me atë që jeni. Ai përfshin të keni një njohuri të thellë të pikave të forta, personalitetit dhe preferencave tuaja, duke u siguruar që t'i përdorni ato çdo ditë.

Njohja e pikave tuaja të forta

Kur e kaloni pjesën më të madhe të ditës duke bërë gjëra që ju pëlqejnë, si ndiheni? Ndoshta, jo shumë i motivuar. Mjerisht, shumë njerëz janë të mbërthyer në punë që nuk i lejojnë ata të përdorin pikat e tyre të forta. Si rezultat, ata vazhdojnë të luftojnë dhe vazhdojnë të pyesin nëse fati i tyre do të vuajë në të njëjtën mënyrë për dyzet vitet e ardhshme. Unë e kam përjetuar drejtpërdrejt ndryshimin midis punës në një punë që të pëlqen dhe punës për diçka që e do dhe ndihesh mirë. Mund të dëshmoj se niveli i motivimit dhe energjisë që keni kur bëni atë që ju duket e drejtë mund të jetë i jashtëzakonshëm.

A keni vënë re se keni tendencën të pëlqeni gjërat në të cilat jeni të mirë? Ju mund të mos e shijoni domosdoshmërisht detyrën në vetvete, por marrja e reagimeve pozitive ju jep një ndjenjë krenarie dhe ju bën të ndiheni mirë me veten. Tani, nëse do t'ju kujtohej vazhdimisht se çfarë pune të keqe po bëni, a do t'ju pëlqente ende e njëjta detyrë?

Çështja është se ka gjëra në të cilat jeni të mirë si dhe gjëra që ju pëlqen të bëni. Pasi të identifikoni detyrat në të cilat jeni mirë dhe të shpenzoni sa më shumë kohë për to, do të ndiheni më të motivuar. Ju madje mund ta gjeni veten duke shijuar detyrat që nuk do t'i kishit imagjinuar thjesht sepse jeni të mirë në to.

Për të qenë në gjendje të përqendroheni në pikat tuaja të forta, mund t'ju duhet të ridizajnoni përshkrimin tuaj aktual të punës, të ndryshoni punë brenda së njëjtës kompani ose të ndryshoni krejtësisht karrierën tuaj. Mos harroni, nëse çdo sekondë e ditës është një luftë, ju ndoshta nuk jeni duke bërë atë që duhet të bëni. Ju keni pika të forta dhe detyra juaj është t'i gjeni ato.

Njohja e personalitetit tuaj

Kjo është disi e lidhur me pikën e mëparshme pasi personaliteti juaj pjesërisht përcakton se në çfarë jeni të mirë. Për shembull, nëse jeni një introvert, ka të ngjarë të merrni zgjedhje të ndryshme karriere sesa nëse do të ishit një ekstrovert. Ju mund të preferoni ta kaloni pjesën më të madhe të kohës vetëm ose në grupe të vogla dhe mund të qëndroni larg punëve që kërkojnë nga ju të ndërveproni me klientët gjatë gjithë ditës. Mund ta gjeni veten duke performuar më mirë në një mjedis të qetë.

Vlerat tuaja thelbësore do të ndikojnë gjithashtu në nivelin tuaj të motivimit. Ndoshta, pavarësia është jetike për ju. Nëse po, të qenit i vetëpunësuar mund të jetë një ide më e mirë sesa të kesh një punë 9-me-5. Ose ndoshta ju pëlqen risia dhe dëshironi të mësoni vazhdimisht. Nëse po, bërja e së njëjtës punë të përsëritur mund të mos ju sjellë shumë kënaqësi.

Duke ditur se çfarë ju motivon

Ndonjëherë ju mungon motivimi sepse vendosni një qëllim në një mënyrë që nuk ju frymëzon. Ndonëse qëllimi mund të jetë diçka që ju vërtet dëshironi, mënyra se si e përpunoni ose punoni mbi të thjesht nuk ju motivon.

Le të themi se dëshironi të humbni peshë. Nëse asnjë nga arsyet pas qëllimit tuaj nuk ju prek në një nivel emocional, nuk do të ndiheni të motivuar dhe do ta keni të vështirë të arrini qëllimin tuaj. Kështu, detyra juaj është të zbuloni se çfarë do të bëjë për ju humbja e peshës. Pyesni veten pse dëshironi të humbisni peshë. Vazhdoni të pyesni veten pse derisa të gjeni diçka që ju rezonon në një nivel emocional. Mos harroni, ju rrallë dëshironi të humbni peshë, sepse kjo është gjëja e duhur për të bërë. Ju dëshironi të humbni peshë sepse kjo do t'ju bëjë të ndjeheni mirë në një mënyrë të caktuar. Ky është kuptimi që i jepni humbjes së peshës dhe duhet ta arrini atë siç duhet nëse doni të keni sukses.

Tani, ju gjithashtu mund të pyesni veten pse nuk dëshironi të humbni peshë. Mund t'ju ndihmojë të zbuloni arsyet pse po luftoni për të humbur peshë. Nëse hani tepër sepse ju bën të ndiheni mirë, duhet të pyesni pse është kështu? A është zakon? A është për shkak se jeni të stresuar? A është për shkak të mjedisit tuaj? A është një mënyrë për të shpëtuar nga diçka?

Të dish pse po bën diçka është e rëndësishme. Pasi të keni një arsye të fortë, kush e di se çfarë mund të arrini?

Motivimi vjen dhe shkon

Këtu, vlen të përmendet se nuk keni nevojë të jeni të motivuar gjatë gjithë kohës. Motivimi vjen dhe shkon. Nuk ka nevojë të rrihni veten kur ndiheni të pafrymëzuar. Për t'ju ndihmuar të veproni kur ju mungon motivimi, është e rëndësishme të:

- Keni një sistem që ju lejon të qëndroni në rrugën e duhur me qëllimet tuaja Ndërtoni vetë disiplinën e nevojshme për të bërë gjërat kur nuk ju pëlqen, dhe

- Keni dhembshuri për veten dhe dashuroni veten në vend që të fajësoni veten për gjithçka që shkon keq në jetën tuaj.

Vendosja e një sistemi do të thotë të kesh një rutinë të përditshme që të lejon të ecësh drejt qëllimit tënd. Për shembull, mund të jetë duke punuar në një detyrë për një kohë të caktuar gjëja e parë në mëngjes. Qëndrimi pas atij rituali çdo ditë është një mënyrë për të ndërtuar vetë-disiplinë. Një mënyrë tjetër është të vendosni qëllime të vogla çdo ditë dhe t'i arrini ato vazhdimisht. Të kesh dhembshuri për veten do të thotë të inkurajosh veten në vend që të rrahësh veten.

Ndjeheni i mbërthyer

Ndonjëherë, ju ndiheni të mbërthyer. Ju nuk jeni të motivuar për të bërë asgjë, ose ndiheni të mbingarkuar dhe nuk e dini domosdoshmërisht pse. Kjo shpesh rezulton nga të paturit e shumë sythe të hapura në jetën tuaj, ose nga zvarritja e një detyre të madhe. Le të shohim se çfarë mund të bëni për të zhbllokuar veten.

Një proces i thjeshtë me 3 hapa për të zhbllokuar veten

Sa herë që ndiheni të bllokuar, provoni procesin e mëposhtëm me 3 hapa:

1. Bëni një listë të të gjitha detyrave që duhet të bëhen.

2. Identifikoni një detyrë që e keni shtyrë.

3. Plotësoni atë detyrë.

Shpesh ka një detyrë specifike që e keni shtyrë për një kohë. Ndonëse kjo mund të mos jetë domosdoshmërisht një detyrë e vështirë, pasi të angazhoheni dhe përfundimisht ta përfundoni atë, ndiheni aq mirë sa mund të përfundoni duke përfunduar shumë detyra të tjera. Si rezultat, do të filloni të ndërtoni vrull dhe do t'i lejoni vetes të ngecni. Nëse nuk mund të punoni në atë detyrë specifike, filloni me një më pak të frikshme. Kjo gjithashtu do t'ju ndihmojë të ndërtoni vrull.

Mbyllja e sytheve të hapura

Nëse keni shtyrë shumë detyra ose keni shumë projekte të papërfunduara, mund të bëni si më poshtë:

1. Bëni një listë të të gjitha detyrave ose projekteve që dëshironi të përfundoni.
2. Vendosni një kohë të caktuar për t'i përfunduar ato. Ndoshta, vetëm disa orë mund t'ju lejojnë të përfundoni shumë nga këto detyra. Ose ndoshta ju duhet më shumë. Nëse po, merrni më shumë kohë.
3. Për projekte më të mëdha, në ditët ose javët e ardhshme, fokusohuni vetëm në një projekt derisa të përfundojë.
4. Riplanifikoni, delegoni ose braktisni disa nga projektet tuaja.

PËRFUNDIM

Faleminderit që keni blerë këtë libër. Shpresa ime e sinqertë është se ju ndihmoi të kuptoni emocionet tuaja dhe ju dha mjetet që ju nevojiten për të filluar të kontrolloni më mirë ato. Mos harroni, cilësia e emocioneve tuaja përcakton cilësinë e jetës suaj. Prandaj, të mësoni se si të ndryshoni veten dhe mjedisin tuaj për të përjetuar më shumë emocione pozitive është thelbësore për mirëqenien tuaj.

Le ta pranojmë. Ju do të vazhdoni të përjetoni emocione negative gjatë gjithë jetës tuaj, por, shpresojmë, çdo herë që do t'i kujtoni vetes se emocionet tuaja nuk jeni ju dhe do të mësoni t'i pranoni ato ashtu siç janë përpara se t'i lini të shkojnë. Ju nuk jeni të trishtuar, të dëshpëruar, xheloz apo të zemëruar, ju jeni ajo që dëshmon këto emocione. Ju jeni ajo që mbetet pasi këto ndjenja të përkohshme zhduken.

Emocionet tuaja janë këtu për t'ju udhëhequr. Mësoni sa më shumë që të mundeni prej tyre dhe më pas lërini të shkojnë. Mos u kapni pas tyre sikur ekzistenca juaj varet prej tyre. Nuk varet. Mos u identifiko me ta sikur të përcaktojnë. Ata nuk e bëjnë. Në vend të kësaj, përdorni emocionet tuaja për t'u rritur dhe kujtuar, ju jeni përtej emocioneve. Si mund të mos jesh? Ata vijnë dhe shkojnë, por ju qëndroni. Gjithmonë.

Çfarë mendoni ju?

Unë dua të dëgjoj nga ju! Mendimet dhe komentet tuaja janë të rëndësishme për mua.. Mbështetja juaj vërtet bën ndryshim. I lexova të gjitha komentet personalisht në mënyrë që të marr komentet tuaja dhe ta bëj këtë libër edhe më të mirë.

Faleminderit përsëri për mbështetjen tuaj!

Libra të tjerë të autorit:

Vendosja e qëllimeve: Udhëzuesi përfundimtar për arritjen e qëllimeve me të vërtetë Excite You (Përfshirë Libër pune falas)

Zakonet që rrinë: Udhëzuesi i fundit për të ndërtuar zakone që ngjiten Një herë e Përgjithmonë

Bisha e produktivitetit: Një udhëzues jokonvencional për t'i bërë gjërat

Manifesti i Madhështisë: Kapërceni frikën dhe shkoni pas asaj që keni Dëshiruar vërtet

Objektivi i vetëm: Përvetësoni artin e vendosjes së qëllimeve, fitoni brendësinë tuaj. Betejat dhe arritja e rezultateve të jashtëzakonshme

Introverti i lulëzuar: Përqafoni dhuratën e introversionit dhe jetoni atë. Jeta për të cilën do të jetonit (përfshihet libër pune falas)

Përmirësoni veten: Strategji të thjeshta për të transformuar mentalitetin tuaj. Përmirësoni zakonet tuaja dhe ndryshoni jetën tuaj

Thirrja për zgjim: Si të merrni kontrollin e mëngjesit tuaj dhe Transformoni jetën tuaj

RRETH AUTORIT

TIBO MEURIZ Thibaut Meurisse është një bloger i zhvillimit personal, autor dhe themelues i whatispersonaldevelopment.org.

Ai është paraqitur në faqet e internetit kryesore të zhvillimit personal si Lifehack, Tiny Buddha, Pick The Brain, stevenaitchison, guidedmind, Dumb Little Man ose Finer Minds.

I fiksuar pas vetë-përmirësimit dhe i magjepsur nga fuqia e trurit, misioni i tij personal është të ndihmojë njerëzit të kuptojnë potencialin e tyre të plotë dhe të arrijnë nivele më të larta të përmbushjes dhe vetëdijes.

Çfarë do të mësoni në këtë libër:

Brenda këtij libri, do të gjeni një metodë gjithëpërfshirëse për të arritur qëllimet tuaja. Ju nuk do të mësoni vetëm se si të vendosni objektiva në mënyrë efektive, do të mësoni gjithashtu të mendoni më mirë, të kapërceni pengesat dhe të këmbëngulni derisa të arrini qëllimin tuaj.

Ky libër:

1) Ju jep mundësinë për të zbuluar dhe vendosur qëllime që vërtet kanë rëndësi për ju.

2) Ju ndihmon të vendosni synime afatshkurtra, afatmesme dhe afatgjata në fusha të shumta të jetës suaj.

3) Ju ndihmon të realizoni potencialin tuaj dhe të arrini më shumë nga sa e kishit menduar.

4) Ju ofron një strategji efektive për të arritur qëllimet që keni vendosur.

5) Ju mundëson të shmangni pengesat që do të hasni ndërsa punoni drejt qëllimeve tuaja.

Ky libër është plot me informacione të vlefshme, por mbani mend se sa shumë do të merrni prej tij varet kryesisht nga sa i përkushtuar jeni për ta zbatuar atë. Topi është në fushën tuaj!

I. Pse vendosja e qëllimeve është e rëndësishme

Njerëzit pa qëllime janë të dënuar të punojnë përgjithmonë për njerëzit që kanë qëllime.

- BRIAN TRACY.

Vendosja e qëllimeve i jep drejtim mendjes suaj nënndërgjegjeshëm
Mekanizmi juaj automatik krijues është teleologjik. Kjo do të thotë, funksionon për sa i përket qëllimeve dhe rezultateve përfundimtare. Sapo t'i jepni një qëllim të caktuar për të arritur, mund të mbështeteni në sistemin e tij të drejtimit automatik për t'ju çuar drejt atij qëllimi shumë më mirë se sa "ju" do të mundeni ndonjëherë nga mendimi i ndërgjegjshëm. "Ju" siguroni qëllimin duke menduar për sa i përket rezultateve përfundimtare. Mekanizmi juaj automatik i tyre siguron mjetet me të cilat mund ta arrini.

- MAXWELL MALTZ.

A e dini se mendja juaj nënndërgjegjeshëm mund t'ju ndihmojë të arrini qëllimin tuaj? Vendosja e objektivave ju jep një drejtim në jetë, por qëllimet e paqarta si të fitoni më shumë para ose të jeni të lumtur nuk do të çojnë në një jetë të përmbushur. Mendja juaj nënndërgjegjeshëm është si një makinë e fuqishme dhe të kuptuarit se si funksionon është një pjesë e madhe e vendosjes së suksesshme të qëllimeve. Hipnoterapisti Joseph Clough e krahason atë me një GPS, ndërsa Maxwell Maltz, autor i Psycho-Cybernetics, e quan atë një pajisje mekanike të kërkimit të qëllimit. Nëse vendosni një adresë në GPS-në tuaj, ai do të bëjë gjithçka që mundet për të arritur në destinacionin tuaj. Mendja nënndërgjegjeshëm sillet në mënyrë të ngjashme. A keni mësuar ndonjëherë një fjalë të re vetëm për ta gjetur veten duke e dëgjuar atë kudo që shkoni? Ky është një shembull i "mbushjes" së trurit tuaj. Me fjalë të tjera, po skanon mjedisin tuaj për të gjithë informacionin që lidhet me fjalën, frazën ose detajet që i keni dhënë. Si i tillë, vendosja e qëllimeve të qarta ju jep një shans më të madh për t'i përmbushur ato. Ai dërgon një sinjal të fortë në mendjen tuaj nënndërgjegjeshëm, e cila e lejon atë të çlirojë fuqinë e saj të përqendrimit dhe të kërkojë çdo mundësi për të arritur qëllimin. Ne flasim më shumë për rëndësinë e qëllimeve specifike më vonë.

Vendosja e qëllimeve ju fuqizon

Nëse nuk e hartoni planin tuaj të jetës, shanset janë që të bini në planin e dikujt tjetër. Dhe me mend se çfarë kanë planifikuar për ju? Jo shume.

- JIM ROHN.

A jeni ju ai që zgjidhni qëllimet tuaja? Apo po i zgjedhin të tjerët për ju? Kur filloni të vendosni qëllime, ju ndaloni së dhuruari fuqinë tuaj.

Kur filloni të vendosni objektiva në të gjitha fushat kryesore të jetës suaj si financat, marrëdhëniet, karriera dhe shëndeti, ju ndaloni të jepni fuqi dhe filloni të fuqizoni veten. Ju bëni një zgjedhje të vetëdijshme për t'u bërë krijuesi i jetës suaj dhe filloni të merrni përgjegjësi në çdo aspekt të jetës suaj.

Imagjinoni ndryshimin që do të bënte në jetën tuaj nëse do të gjenit kohë për të kuptuar qëllimet tuaja për të ardhmen. Nëse do ta dinit sa do të fitonit në pesë vjet, sa do të dëshironit të jetonit dhe ku do të dëshironit të ishit pas njëzet vjetësh, çfarë do të bënit ndryshe?

Vendosja e qëllimeve rrit vetëvlerësimin

Vetëvlerësimi i lartë kërkon sfidën dhe stimulimin e qëllimeve të vlefshme dhe kërkuese. Arritja e qëllimeve të tilla ushqen vetëbesim të mirë. Vetëvlerësimi i ulët kërkon sigurinë e të njohurve dhe të pa kërkuesve. Kufizimi në të njohurit dhe jokërkues shërben për të dobësuar vetëvlerësimin.

- NATHANIEL BRANDEN.

A e dini se mund të rrisni vetëvlerësimin tuaj duke vendosur qëllime të qarta? Vlen të përmendet se të kesh qëllime të qarta dhe arritja e tyre ndërton dhe përforcon vetëvlerësimin tonë. Në fakt, Nathaniel Branden (autor i Gjashtë Shtyllat e Vetëvlerësimit) thotë se *një pjesë e vetëvlerësimit tonë vjen nga një "disponim për ta përjetuar veten si të aftë për të përballuar sfidat e jetës".* Me çdo arritje që arrijmë, ndihemi më të pajisur për t'u përballur me qëllime dhe sfida të tjera të jetës. Në "Ndjekja e lumturisë", David G. Myers tregon se *vetëvlerësimi i lartë është një nga parashikuesit më të mirë të lumturisë personale. Përmbushja e vazhdueshme e qëllimeve që vendosni është një nga mënyrat më efikase për të ndërtuar vetëvlerësim.*

Vendosja e qëllimit ndryshon realitetin tuaj

Vlera e qëllimeve nuk është në të ardhmen që ata përshkruajnë, por ndryshimi në perceptimin e realitetit që ata nxisin

- DAVID ALLEN, PO TË BËNË GJËRAT

Vendosja e qëllimeve është një proces i vlefshëm më vete, pavarësisht nëse do t'i arrini ato apo jo. Ju ndoshta po pyesni veten pse është kështu. Epo, ka disa arsye. Vendosja e qëllimeve ju ndihmon të mendoni për të ardhmen tuaj, ju jep një mundësi për të reflektuar mbi vlerat tuaja dhe ju ndihmon të zbuloni se çfarë ka më shumë rëndësi. Do të sjellë qartësi dhe do t'ju lejojë të shihni pamjen më të madhe të jetës suaj. Nuk bëhet shumë më e vlefshme se kaq.

Vendosja e qëllimeve do t'ju lejojë gjithashtu të rindërtoni realitetin tuaj dhe të kuptoni se ëndrrat që më parë mendonit të paarritshme janë në fakt të realizueshme. Gjithçka fillon me identifikimin e dëshirave tuaja reale, pavarësisht sa ambicioze janë ato. Duke vepruar kështu, ju do të filloni procesin e kapërcimit të besimeve tuaja kufizuese. Besimet kufizuese rrjedhin nga përvojat e kaluara dhe e bëjnë më të vështirë marrjen e jetës që dëshironi. Së shpejti do të kuptoni se sa kufizuese janë besimet kufizuese dhe se sa prej tyre rrjedhin nga mesazhet e përsëritura të marra nga familja, miqtë dhe media.

Së fundmi, vendosja e qëllimeve do t'ju japë mundësinë për të vlerësuar situatën tuaj aktuale dhe për të mbyllur hendekun midis vendit ku jeni dhe vendit ku dëshironi të jeni.

Vendosja e objektivave është e mirë për shëndetin tuaj

Përdorni qëllimet për të jetuar më gjatë. Asnjë ilaç në botë - dhe mjeku juaj do ta përballojë këtë - nuk është aq i fuqishëm për të sjellë jetë sa është dëshira për të bërë diçka.

- DAVID J. SCHWARTZ, MAGJIA E MENDIMIT TË MADH.

Dan Buettner, autori i Zonës blu: Mësime për të jetuar më gjatë nga njerëzit që kanë jetuar më gjatë, identifikoi 10 karakteristika të përbashkëta nga ata që jetojnë deri në 100. Ai identifikoi "të kesh një qëllim jete" si një prej tyre. Vendosja e qëllimeve që ju emocionojnë plotësisht është një nga ilaçet më të mira dhe do të bëjë mrekulli për shëndetin tuaj. Një numër alarmant njerëzish vdesin brenda pak vitesh pas daljes në pension. Unë besoj se kjo është pjesërisht sepse ata nuk kanë më synime emocionuese për t'i motivuar, diçka që është veçanërisht e mundshme për ata që janë identifikuar shumë me punën e tyre. Po ju? A keni gjetur qëllime që do t'ju motivojnë deri në pleqëri?

Si të vendosni qëllime

Çelësi i përcaktimit të qëllimeve është që ju të mendoni në letër. Burrat dhe gratë e suksesshme mendojnë me një stilolaps në duar; njerëzit e pasuksesshëm nuk e bëjnë.

- *BRIAN TRACY.*

CIP Katalogimi në botim BK Tiranë

THIBAUT MEURISSE/ZOTËRIMI I EMOCIONEVE
Stefan Cvajg
320 f. 20,5/14,6 cm

ISBN 978-961-598-367-0